1日5分の
アンチエイジング

洗顔革命

もう、特別な化粧品は必要ありません

京都北野美人研究所代表
北野和恵

青春出版社

はじめに

美容に興味がなかった私が「肌改善専門家」になった理由

25歳のとき、顎《あご》にたくさんの吹き出物があらわれました。なかなか治らない吹き出物に、肌老化がはじまったのかもしれないと思ったのです。

「老化って肌のどの部分がどう変化するんだろう？　それがわかったら、この老化を止められるかもしれない」

最初はそんな小さな興味から肌実験ははじまりました。

美容に興味があったわけではなく、むしろ美容に疎《うと》かった私。未だエステにも行ったことがありません。

化粧水をつけなかったらどうなるの？

もっと圧をかけて洗ってみたら？

熱いお湯だと汚れが取れるんじゃない？　水のほうが引き締まっていいのかも……。それともホットタオルをのせたほうがいい？


思いつくありとあらゆる方法を試してこれたのは、美容の常識を持っていなかったからだと思います。

さまざまな実験を繰り返していたある日の洗顔中、顎からドロリとしたアブラが出てきたのです！

私は何度も何度も顎を洗いました。

それでも止めどなく浮き上がるアブラ、20回以上洗ったと記憶しています。

お風呂だったこともあり、ふやけきった肌に洗顔のやりすぎで、タオルで顔を拭くと顎の皮膚がむけてしまいました。

痛々しい顔になったことよりも、やっと見つけた！と感動したあの日のことは忘れられません。

顎にあった吹き出物はみるみるうちに改善されていきました。

この実験で確信したのです。

それが本書で最も伝えたいアブラの話です。

肌の老化もトラブルも、すべてはアブラが関係していたのです。

そして肌を整える洗顔方法も編み出しました。

『京都北野式洗顔法～毛穴再生美容～®』（以下、北野式洗顔）です。


皮膚科に行っても良くならなかった。

高い化粧品やエステも試したけど変わらない。

もう歳だから……。

肌質のせい？

と諦めている方に、ぜひこの洗顔法を試していただきたいのです。これまでの美容の常識が覆《くつがえ》ることになるでしょう。

そしてこの洗顔法が、本来の肌を取り戻す希望の光となることを願っています。

京都北野美人研究所
北野和恵

1日5分のアンチエイジング
洗顔革命

もくじ

第1章

美容業界が伝えない「肌トラブル」本当の原因とは

第2章

毛穴の「アブラ」が、肌トラブルと肌老化を招いている

第3章

あなたの肌の状態は、トラブルが教えてくれる

第4章

1日5分のアンチエイジング！一生モノの「洗顔革命」

第5章

本来の肌を取り戻すことは、自分自身を取り戻すこと

書籍コーディネーター――インプルーブ　小山睦男
本文イラスト――吉田あゆみ
本文デザイン――青木佐和子

第1章

美容業界が伝えない「肌トラブル」本当の原因とは

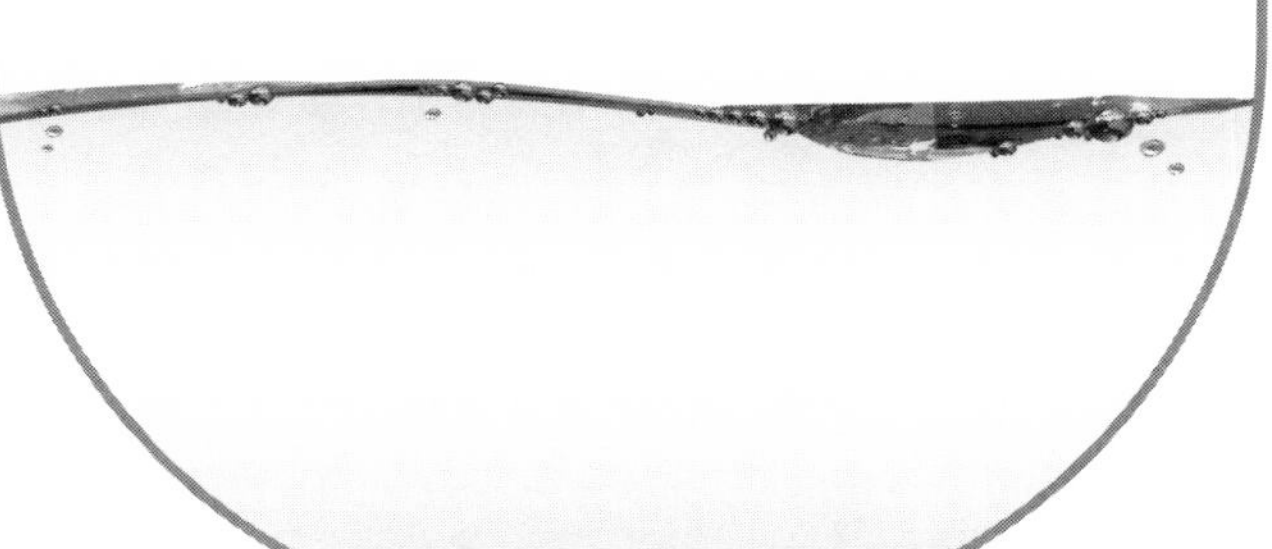

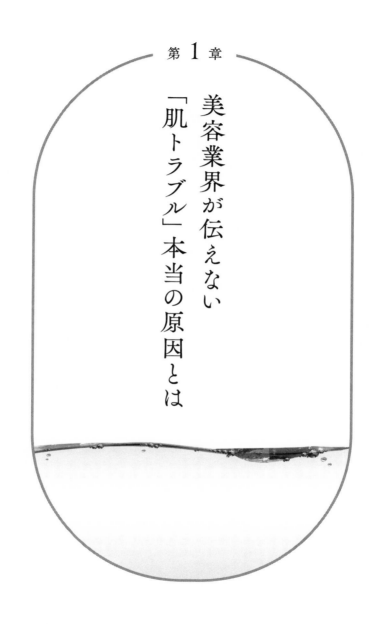

美容エステも美容皮膚科も対処療法でしかない

あなたは美容エステや皮膚科などで、このような言葉をかけられたことがないでしょうか？

「毛穴が広がっていますね、角栓を取りましょう」
「乾燥していますね、もっと保湿しましょう」
「赤みがありますから、洗顔を控えましょう」
「ヒリヒリするなら、ワセリンをつけましょう」
「改善がみられないなら皮膚科に行きましょう」

これらはすべて対処療法です。

一時的に良くなったとしても、症状はまたぶり返します。それどころか、かえって症状が悪化してしまうこともあるのです。

私の元にやってきたお客様の事例をご紹介しましょう。

・毛穴が気になってエステサロンでピーリングをした

・赤みが強く出たので洗顔は水で流すだけにした
←
・ツッパリ感が出てきて皮膚科へ
←
・薬を塗布すれば赤みはひくが、やめるとぶり返してしまう
←
・肌はどんどんかたくなり、毛穴の詰まりや赤みは一層ひどくなってかゆみまで出てきた

最初のお悩みは毛穴の広がりだったのに、数か月で深刻な肌トラブルになってしまったのです。

ピーリングで角栓を取ったからといって、毛穴が閉じるわけではありません。赤みがあっても積極的に洗顔したほうがいいこともあります。

・なぜ毛穴が広がったのか？
・なぜ乾燥や赤みがあるのか？
・どうしてヒリヒリするのか？

肌改善には、その症状につながった原因を知ることが必要です。原因を改善できていれば、このお客様も大きな肌トラブルにはならなかったでしょう。

何をやっても結果が出ず、どんどん悪化していく肌を見て「私の肌、弱くなったのかな？」「もう歳だから？」と諦めてしまう方も少なくありません。

ですが、決して諦める必要はありません。

症状にとらわれずに原因を知ることで、本当の改善方法が見えてきます。

肌がもともと持っている2つのチカラ

肌には素晴らしいチカラが備わっていることをご存じでしょうか？
それは「防御力」と「代謝力」です。

まず「防御力」。
肌は、水分（汗）と油分（皮脂）が混ざり合った天然の保護膜や、何層にも重なった角質層、角質の間にある細胞間脂質などがあり、これらが外からのさまざまな刺激から、私たちの体を守ってくれています。

・刺激や雑菌、アレルゲンの侵入といった外的要因から守る
・肌から水分が蒸発しないよう予防する
・肌の柔軟性を保つ
・角質の剥離を防ぐ
・紫外線が体内に侵入しないようメラニン色素を分泌する

たった2ミリ程度の皮膚が、このような大切な役割を担っているのです。

そして「代謝力」。

皮膚は表皮、真皮、皮下組織の3層で形成され、このうち表皮は角質層、顆粒層《かりゅう》、有棘層《ゆうきょく》、基底層と、さらに4層構造になっています。

基底層で生まれた細胞は角質層へと押し上げられ、最後は垢《あか》となってはがれ落ちます。

このサイクルのことをターンオーバー（新陳代謝）といい、肌は生まれ変わっているのです。

周期は個人差もありますが20歳で約28日、老年期でその1・5～2倍になるといわれ、年齢を重ねるほどだんだんと遅くなっていきます。

皮膚は汗、皮脂、角質を〝排泄する器官〟です。

新しい細胞が生まれ、それが垢となってはがれていく。この働きがあるからこそ、私たちの肌は美しさを保つことができます。

古い角質が何層にも蓄積すると、まるで象の皮膚のようにかたくゴワゴワした肌になります。

毛穴が詰まり、吹き出物ができてしまいます。

さらに詰まりが増えてくると肌に重さが生まれ、それはいずれ、たるみとなってあらわれるのです。

「防御力」と「代謝力」。

この2つのチカラは当然あなたの肌にも備わっています。

今、肌トラブルに悩んでいるとしたら、このチカラが発揮されていない可能性があります。

その原因をお伝えしていきましょう。

「水分保持」のチカラが、加齢により衰える

リンゴは新鮮なほど水分が多くみずみずしいですが、古くなると水分量が減り、皮もシワシワになりますよね。

人間の皮膚も同じです。

体の水分量は乳幼児で約90％、高齢者になると約50％になるといわれ、加齢と共に体内の水分量が減少し、皮膚も乾燥状態になります。

角質の中で水分を抱え込む天然保湿因子（ＮＭＦ）の減少もあり、乾燥肌、シワ、ハリ、艶が失われるといった症状がみられます。

さらに水分不足が深刻化すると、角質に隙間が生じてバリア機能が低下し、赤みやかゆみ、ヒリヒリするといった肌トラブルも引き起こされます。

「新陳代謝」が低下することで、肌は老化する

ターンオーバー（新陳代謝）は20歳の健康な肌で、約28日周期といわれていますが、加齢とともにペースダウンしていきます。

ちょっと想像してみてください。28日で肌表面に上がってきたピチピチの新鮮な角質と、40日以上かけてやっと表面化した古い角質。どちらがみずみずしく、透明感があるでしょうか？

古い角質は透明感が失われ、くすみや黒ずみが出てきます。

さらに排泄の滞りが毛穴を詰まらせ、毛穴の広がりや吹き出物につながります。

シミが濃くなるのも、実は、この新陳代謝の低下が関わっています。

子どもの頃、炎天下で日焼け止めをつけずに遊んでも、シミはできなかったでしょう？　秋になるころにはすっかり白い肌に戻っていたと思います。

一方、私たち大人はどうでしょうか。

紫外線を避けているのにもかかわらず、シミができてしまう……。秋にな

っても、まだ黒いままの顔や腕……。

この違いこそ、新陳代謝力の差です。

紫外線にあたると肌はメラニン色素を分泌し、黒化します。黒くなった細胞が排泄されず肌に残ってしまった結果が、シミやくすみです。

古くなった角質はごわごわとかたく、水分がなじまず水分保持力もありません。いくら化粧水を重ねづけしても、それはまるで、かさぶたに水分を与えているようなもの。肌は十分に潤わないのです。

水分量が減少することで「防御力」が失われ、新陳代謝の低下で「代謝力」がうまく機能しない。

これが肌トラブルや肌老化を進行させてしまう要因です。

だったら！

「水分を十分に与えたら肌は改善されるの？」

「古い角質を取り除けば代謝力は取り戻せるの？」

答えはＮＯ！です。

トラブルの理由がわかっているのになぜ改善できないのか、不思議ではありませんか？

そこには、美容業界が伝えない、根本的な原因があったのです。

美容業界が伝えない「肌トラブル」の本当の原因

加齢とともに水分量が減少し、ターンオーバーは遅くなっていく。これらのことは、すでにご存じの方も多いことでしょう。それでも、

「いくら保湿しても潤いません」

「角質除去をやってみたけど、変わりませんでした」

「エステに行っても1週間経つとまた元通り……」

「美容本を読みあさっても、思うような結果が出ない……」

「高い化粧品も試したけど、何も変わりませんでした」

と多くの方が、思うような結果を得られていないのです。

どんなに努力しても結果につながらないのはなぜなのでしょうか？

実は、これまで美容業界が伝えていない本当の原因が、別にあったのです！

それは「アブラの酸化」です。

アブラは酸化が進むと変色し、固形化するという性質があります。

このアブラの変容こそが、肌トラブルの根本的な原因だったのです。


揚げ物をしたあとのアブラを想像してみてください。

無色透明だったアブラは時間が経つほど黒ずみ、どろりと粘りまで出てきます。肉を焼いたあとのフライパンには次第にアブラが固まっていき、はりつきます。

空気に触れたアブラは、時間が経過すると酸化し、変色や固形化するという性質があるのです。

この現象は、肌のアブラにも同様に起こります。

肌のアブラの酸化が進むと、ピーンとはりついたアブラに変わり、まるで肌にラップをかけた状態になります。

そのラップ膜が水分を弾いてしまうのです。


いくら保湿しても潤わない……と感じると、ここで頼ってしまうのが油分の多い化粧品です。

クリーム、オイル、ジェルなどは一時的にしっとりした感覚にはなりますが、つけるほど油膜が増えていきます。

そしてその油分は酸化していくわけです。

……もう、おわかりですよね？

そう、油分に頼るほどラップ膜が増え、水分がなじまず乾燥状態に陥ってしまいます。

乾燥、かゆみ、赤み、かさつき、シワといった肌トラブルがあっても、必要な水分を肌の内部に送り込んであげることができないのです。


さらに恐ろしいことに、アブラはターンオーバーのさまたげにもなります。

アブラは肌表面、角質の間、毛穴の中に存在し、肌の保護や角質をつなげる糊《のり》となる役割がありますが、酸化し固形化が進むと、接着剤のように固まります。

肌表面には膜ができ、角質はがっちりと固められ、毛穴の中では詰まりが生じます。

自然とはがれていくはずの古い角質がはがれず、ターンオーバーが乱れてしまいます。

「いくら保湿しても潤わない」「角質を取りたくてもうまくいかない」と、どんなに努力を重ねても結果が出なかったのは、アブラの劣化が改善されていなかったからです。

この真実を知らずに、肌改善はできないのです。

第2章

毛穴の「アブラ」が、肌トラブルと肌老化を招いている

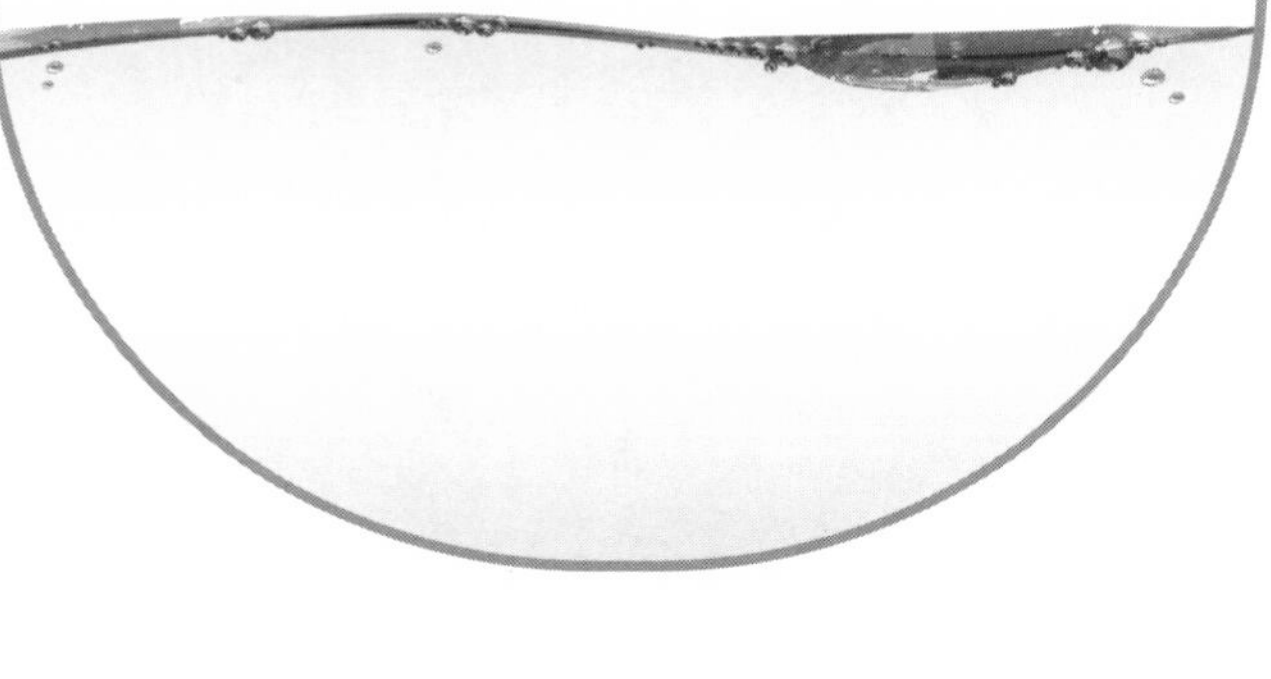

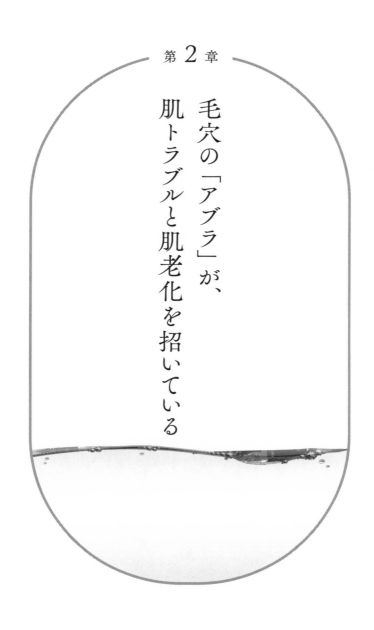

肌は潤いがなくなるのではなく、アブラが固まっていく

ひじやかかとはガサガサだし、肌の乾燥も以前より気になってきた。「年齢を重ねると、アブラはなくなっていくのね……」そう思っていませんか？

そんなことはありません。年齢に関係なく、アブラは肌に十分あります。

正しくは、「年齢を重ねていくとアブラはなくなる」ではなく、「年齢を重ねるとアブラは固まる」のです。

前章でお伝えしたように、アブラは酸化すると固まるという性質を持っています。しかも、「ロウ」のように固まっていきますから、アブラを感じないだけなのです。

小鼻を触ってみてください。他の部位に比べ、がっちりとかたくなっていませんか？　かたくなっているとしたら、それはアブラの固形化が進み、角質や皮脂が何層にも蓄積されてしまった状態です。

眉間が盛り上がっている、顎に吹き出物がよくできる、頬の毛穴が広がっているといった症状がある場合は、その部位のかたさもチェックしてみましょう。

そのかたさこそ、古い皮脂と角質の層です。

例えばミルフィーユが何層もパイを重ねることができるのは、カスタードという糊があるからですよね。

そのカスタードが接着剤のように固まったとしたらどうでしょうか？　パイも一緒に固まってしまいます。カスタードがやわらかいクリームだからこそ、パイは外れるわけです。

同様に、肌のアブラが新鮮な状態なら、皮脂も角質も自然とはがれていきます。しかし、酸化が進みアブラが固形化してしまうと角質も固まってしまい、はがれることができなくなるのです。古い角質に水分はなじまず、どんどん乾燥した状態になり、肌老化が加速します。

つまりアブラを酸化させないことが、スキンケアで最も大切だといえるのです。

肌質はアブラの状態によって決まる

新鮮なアブラはサラサラの液体であり、健康な肌に大切なものです。しかし、酸化が進むとドロリとした粘っこいアブラになり、さまざまな肌トラブルをもたらします。

おもしろいことにアブラには種類があり、それぞれに特徴があります。サラサラのアブラは難なく浮き上がってますが、ドロリとした粘りのあるアブラは抜きづらく、さらにギシギシときしむようなアブラは肌にはりついてしまいます。ロウのように固まっているアブラもあります。

酸化が進んだアブラほど、肌から除去することが難しく、排泄のさまたげとなっていることがわかります。

つまり、アブラの状態によって、肌のコンディションが決まると言っても過言ではないのです。

酸化したアブラは悪臭を放つ…

「今だから言えるのですが……」と打ち明けてくださったHさんのケースをご紹介しましょう。Hさんは40代のお客様です。

肌には赤み、かゆみ、吹き出物、毛穴の詰まり、アブラ浮き、乾燥……とたくさんの症状が出ていました。

顔だけでなく頭皮にもお悩みがあり、抜け毛、薄毛、髪のパサつき、かゆみ、吹き出物がありました。

施術をさせていただくと、思った通り、顔からたくさんのアブラが出てきたのです。

Hさんにはご自宅でのケア方法をお伝えし、さらにもうひとつお願いをしました。「シャンプーを変えてください」と。

すると約1か月後、「シャツの臭いが消えました!」と笑顔でご報告くださったのです。

「今だから言えるのですが……仕事で着るブラウスから加齢臭のような臭い

がして、悩んでいたんです」

洗濯をしてアイロンをかけても、アブラ臭が消えない。そのアブラ臭はシャツの背中側、襟元から感じていたそうです。

アブラは古くなると悪臭を放ちます。料理のアブラも放置しているとアブラ臭くなりますよね。

それが酸化したアブラの臭いです。

シャツの臭いが消えた頃、Hさんの襟足にあった吹き出物も赤みがひいて小さくなっていました。頭皮に詰まった皮脂が原因だったのでしょう。

頭皮は特に皮脂が多く、アブラの酸化が起こりやすい場所です。

加齢臭を感じる前に、頭皮環境を整えておきましょう。

やりがちな3つの間違いケア

肌トラブルを感じると不安になりますよね。

しかし何かしなければ……と対処したつもりが、かえってトラブルを悪化させることもあります。

やりがちな間違いケアを3つご紹介しましょう。

①洗顔を控える

「朝は水洗いだけです」という方にその理由をおたずねすると、「乾燥や洗顔後にツッパリ感を感じるから」とおっしゃいます。

実は乾燥は古い角質がたまっていることや、アブラ膜ができていることが原因であり、洗顔後のツッパリ感は汚れの取り残しで起こります。

洗いすぎると乾燥すると思われている方が多いようですが、それは洗い方に問題があります。

起床直後は肌が緩み、角質もやわらかい状態です。さらに皮脂も浮き上がっていますから、汚れを取るチャンスです。
朝こそきちんと洗顔をしたほうがいいのです。

②油分に頼る

加齢とともにアブラがなくなっていくのは目に見える症状であって、実際にはアブラはあります。

アブラは古くなるほど固形化が進み、肌にはりつき毛穴の中では詰まりが起こります。

化粧品売り場に行くと「保湿したあとは蓋をしましょう」と言って、クリームやオイル、ジェルなどをすすめられます。

しかし、ここでよく考えていただきたいのです。

肌が必要としているのは、水分です。

水を弾くような油分の強い化粧品をつけてしまうと、どうなるでしょうか？　水はなじんでいきません。

潤わないので仕方なく、さらに油分をつけ、そのしっとり感で安心する。

これを繰り返すうち、今度は肌のターンオーバーまでも乱れてきます。

皮脂も角質もはがれることができなくなり、肌トラブルが起こります。

「肌に蓋をする」という言葉通り、保湿できない、ターンオーバーできないといった肌機能が失われる状態に陥るのです。

油分でごまかすのではなく、水分がなじむ状態を作ることが大事です。

③肌を保護する

50代のお客様が「化粧水のあとは○○クリームをつけて、目元にはコレで、シミ部分には美白のコレ、それからたるみにこれがいいと言われて……」と、なんと9つものクリームをつけていらっしゃいました。

シミ、シワ、乾燥、たるみ、毛穴……と悩みが増えていくほど、化粧品アイテムが増えてしまったそうです。

その9つのアイテムで悩みが解決したのかというと、「何も変わっていません」とのこと。「でもやめる勇気もなかったんです」とお話しくださいました。

確かに年齢を重ねると、あれこれと気になる肌症状は出てきます。しかし何もかもが足りなくなっていくのではありません。それどころか過剰に肌を守ろうとすると、肌のチカラが衰えていきます。

スキンケアは、私たちの肌に備わっているチカラを活かすことが大切なのです。
頭皮も顔も、塗り固めた状態では排泄（生まれ変わり）ができません。

顔の肌トラブルと頭皮環境の深い関係

頭と顔は、まるでバレーボールのようにひとつにつながっています。バレーボールの上に水を垂らしたら、ボール素地を伝って下へと流れてくる様子が想像できると思います。

同じく頭皮から分泌された皮脂は、皮溝《ひこう》という道を伝って顔に流れてくるのです。

頭皮は体の中で、最も皮脂量が多い場所です。

額の横ジワや吹き出物、こめかみの赤みや吹き出物、眉の上の盛り上がり、眉間の厚み、目の周りのくすみ、目の下のたるみ、まぶたのたるみ、フェイスラインの吹き出物や赤み、これらの症状がある場合は頭皮状態を疑ってみましょう。

頭皮環境は、顔にダイレクトにあらわれます。

私が洗顔施術を出張でやっていた頃、どうしても額の吹き出物が改善されないお客様がいらっしゃいました。もしや原因は頭皮にあるのかも……！と思った私は、お客様のバスルームを借りて、頭皮を洗わせていただきました。空の浴槽に入って、そこから頭を下げていただいたら、私はズボンの裾をまくり上げ、シャワーを片手にシャンプーをさせていただきました。

今思うと滑稽なのですが、当時は真剣です。

何度か通って同じようにシャンプーさせていただくと、これまで何をやっても治らなかった額の吹出物がどんどんひいていったのです！

吹き出物の原因は、シャンプーに含まれるシリコン剤による毛穴の詰まりでした。

そんなことがあって、もしかしたら私自身の頭皮の毛穴も詰まっているかもしれないと思い、シャンプーを2度洗いに変えてみました。

ノンシリコンシャンプーは使っていたのですが、頭皮の洗い方までは意識していなかったのです。

ここでおもしろい変化が出ました。

なんと、頭皮からどんどんアブラが浮き上がってきたのです！

1度洗いから2度洗いに変えたのですから、むしろ頭皮はすっきりするはず。それなのに、日中は頭がベタベタしてくるくらいのアブラが出てきたのですから驚きました。

それだけ毛穴にアブラが詰まっていたのですね。

2〜3か月経った頃にはべたつきがおさまり、なんと髪がサラサラに変わったのです。10代の頃からあった枝毛もなくなり、髪には艶が出てきました。

これが今もなお続いています。

数年前、頭皮環境を誰かに見てほしいな……と思い、発毛専門のお店に行ったことがあります。

髪はふさふさと生えていますから、なぜ来たの？とスタッフの方に不思議そうに聞かれたのを覚えています（笑）。

そこでは特殊な器具を使って頭皮洗浄をしてくれたのですが、洗浄後の水はほとんど濁らずとてもキレイですよ、と言ってくださったのです。

抜け毛や薄毛に悩んでらっしゃる方は、頭皮にアブラが詰まっていて、この水が濁るそうです。本来ならば毛穴から2〜3本の毛が生えているのに対し、詰まりが起こると次第に1〜2本になり、ついには生えなくなる。あるいは髪が細くなってしまうのだそうです。

髪がパサついてくると、艶が出るシャンプーを使いたくなるものです。しかしこれこそが落とし穴。シャンプーに含まれるシリコン剤は、コーティング剤です。髪をコーティングすることで艶々になりますが、同時に頭皮に膜ができます。

これを毎日積み重ねていくと、ついには毛穴詰まりが生じるのです。

ノンシリコンシャンプーで2度洗いをし、頭皮環境を整えていきましょう。その結果、顔のトラブル改善にもつながります。

使うほどに肌老化を進行させるアイテム

クリーム、オイル、ジェル、UV製品、コンシーラー、カバー力のある下地やファンデ、これらは肌老化を加速させるアイテムです。

「肌に蓋をしましょう」という言葉を一度は耳にされたことがあると思います。水分蒸発を防ぐため、肌を守るためといった、まるで肌にとって必要なことのように感じますが、蓋をするということは肌の働きに制限をかけることになるのです。

肌は〝排泄器官〟です。

新しい細胞が生まれてはがれ落ちるという素晴らしいチカラがあるのにもかかわらず、この動きを止めてしまうのです。

一時的な美しさを得ることはできるかもしれませんが、のちに代謝の衰えにつながり、後悔することになってしまいます。

肌サイクルをさまたげないことを意識しましょう。

第3章

あなたの肌の状態は、トラブルが教えてくれる

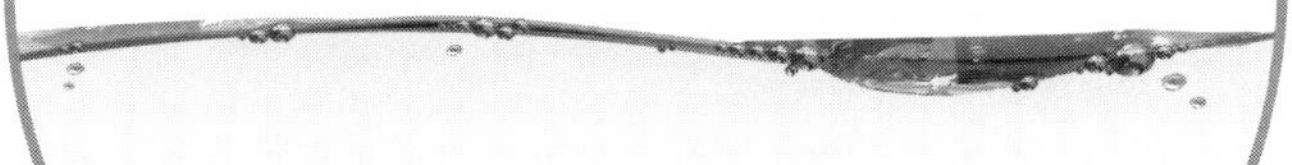

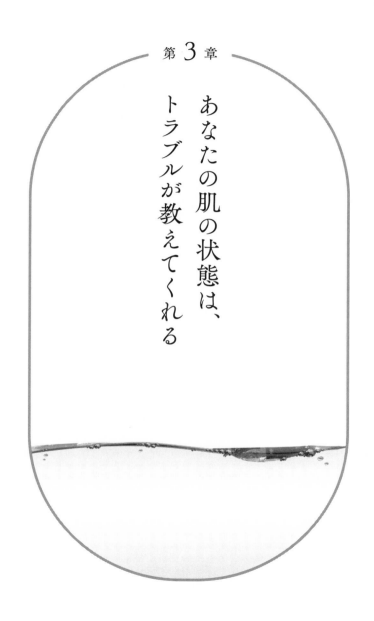

肌トラブルは、単なる結果にすぎない

肌トラブルや老化は、代謝力と水分量の減少と、アブラの酸化で進行します。その症状は年齢によって特徴があります。

ここでは年代別の肌症状を見ていきましょう。

30代の肌症状

排泄力が衰え、毛穴の詰まりや毛穴の広がりが目立ってきます。吹き出物は肌表面に出にくく、肌の中で固まりやすくなります。くすみ、シミ、色素沈着も目立つようになります。

さらに古い角質がたまることで乾燥が起こりつつも、皮脂分泌はまだ活発なためアブラ浮きもする、といった混合肌に傾きます。

皮脂分泌の多いTゾーンがかたくなります。

40代の肌症状

アブラの固形化が進むためアブラ浮きがおさまってきますが、同時に乾燥を強く感じるようになります。

肌艶や弾力が減少します。

目尻のシワ、シミが濃くなる、ほうれい線が出てくる、額の横ジワ、眉間の縦ジワが目立ってきます。

角質が肥厚し、鼻に丸みが出てきます。

50代の肌症状

代謝がさらに低下することで排泄がうまくいかず、どんどん汚れが蓄積され、顔全体が重くなり下がってきます。

ほうれい線、まぶたや目の下のたるみ、毛穴が涙型になります。

フェイスラインが下がり、顔が四角くなってきます。


年代別に肌症状を見てきましたが、これらの症状は単なる結果にすぎません。

繰り返しになりますが、肌トラブルの原因は、すべてアブラの酸化が関わっています。そのアブラの状態や酸化の進行度合い、たまる場所によって、症状が変わってくるのです。

この章では、トラブルの症状から、肌のアブラがどんな状態にあるのかを探っていきましょう。

毛穴のアブラを固形物のまま抜くと、毛穴が開いたままに…

毛穴の大きさは約0・3ミリで、本来は目で見てわからないほどの大きさです。しかし角質や皮脂が詰まることによって、だんだん毛穴が広がってきます。

毛穴から何やら白いものが出ている！　取りたい！　そんな衝動に駆られる人も少なくないでしょう。

その白い物体は、角質と皮脂が混ざり合った角栓と呼ばれるものです。

これを無理に取ると、かえって毛穴が大きく広がってしまいます。

例えばワインの瓶には、コルクの栓がはまっていますよね。ワインボトルが毛穴の筒だとして、コルクが角栓だと想像してみてください。

角栓（コルク）を抜くと、そこには穴がぽっかり開いてしまいます。角栓を取ったのはいいけれど、毛穴が広がったままの状態になってしまうのです。

角栓取りやピーリングなどは、実はこれと同じことをしているのです。

さらに穴が開いたままの状態をなんとかしようと、肌はアブラを分泌します。過剰に出てくるアブラがまた毛穴に詰まる、抜く、穴が広がる……これを何度も繰り返していくうちに肌はかたくなってしまい、気づくと以前よりも毛穴が広がってしまった！ということになりかねません。

角栓は角質と皮脂が混ざり合ったものですから、アブラの酸化が進むと固形化し、塊となります。

固形物の状態で取ると穴が空いてしまいますから、まずはアブラをやわらかく液体に戻してあげることが必要です。

正しい洗顔と十分な保湿でアブラがだんだんやわらかくなり、固形物ではなく液体となって抜けていくようになります。

無理やり取ろうとするのではなく、本来の状態に戻してから除去していくと、毛穴がぽっかり広がることはありません。

乾燥を起こしているのは、アブラの不足ではありません

肌の潤いを保つために油分で膜を作る。まさにこれこそ、対処療法の代表といえるでしょう。

油膜は水を弾き、水分を受けつけない肌になってしまいます。

加齢による水分の減少、暖房や冷房による外的な水分蒸発、秋冬の空気の乾燥など、私たちの肌が必要としているのは水分です。

水分を蒸発させないためにクリームやオイルなどで肌を覆う方法は、一時的には潤いが保たれます。

しかし、肌表面は油分でしっとりしているように思えていても、実は肌の中は水分が欠乏しカラカラ状態になっている人がほとんどです。

アブラ膜を作ってしまうことで、水分を弾くようになってしまうからです。

毎日洗顔してアブラも落としているから大丈夫！と思われるかもしれませ

んね。

肌につけたアブラは肌表面だけでなく、毛穴の中や角質層の中にも浸透してしまいます。

次第にそのアブラが肌に蓄積されていくのです。こうなると水分そのものを受けつけない肌になってしまいます。


乾燥を感じたら、まずやるべきことは化粧水の重ねづけです。

「そうはいってももう歳だから化粧水だけでは肌が潤わないのよ。アブラもなくなってきてるから……」

と心配される方が多いのですが、そうではありません。


乾燥を起こしているのは、アブラの不足ではないのです。


アブラは第2章でもお伝えしたように、酸化すると固まろうとします。

若いときは「アブラ浮き」としてわかりやすくアブラの存在を感じていたのに、ロウのように固まってしまうとアブラは「ない」と勘違いしてしまいがちです。

そうしてアブラを足してしまうと、そのアブラがさらに酸化していき、肌には頑丈なアブラ膜ができあがってしまいます。

この膜は化粧水を弾くだけでなく排泄のさまたげにもなり、古い角質がたまっていきます。

古い角質には水分がなじまず水分保持力も乏しいため、保湿してもすぐに乾燥してしまいます。

つまり油分で膜を作ることで、自ら乾燥を招いているのです。

乾燥肌の本当の原因は、

・化粧水（水分量）の不足
・アブラ膜が水分を弾いている
・水分保持力のない古い角質が蓄積している

です。

クリームやオイルなどの油分で蓋をするのではなく、十分な水分量と古い皮脂や角質の除去が大切なのです。

アブラ浮きは、肌の水分不足のサインです

アブラ浮きには主に2つのパターンがあります。

皮脂の過剰分泌と、乾燥状態が引き起こすアブラ浮きです。

10代のアブラ浮きは、ホルモンバランスによる過剰な皮脂分泌が原因で起こります。

しかし20代以降にはじまるアブラ浮きは別です。

夕方になるとTゾーンといわれる額や小鼻、口周りにアブラが浮き上がってくるのは、まさに乾燥が引き起こすアブラ浮きです。

肌には水分とアブラが存在します。

このうち加齢と共に水分量の低下がはじまると、その分アブラの濃度が高くなりアブラ浮きとしてあらわれるのです。

朝保湿した水分がだんだん蒸発していき夕方には水分が不足、その結果アブラが目立つようになります。

子どもの肌には十分な水分が備わっているため、水分と皮脂量のバランス

が取れていますが、大人になると水分不足が起こりアブラ浮きに直結します。

さらにこのようなアブラ浮きもあります。

洗顔後に化粧水をつけず放置していると、肌のバリア機能が失われます。これでは危険！と察知した肌は急いでアブラを分泌させ、保護膜を作ろうとします。一時的に過剰なアブラ浮きが起こるのです。

つまり、水分不足はアブラ浮きや過剰なアブラの分泌を促すことになります。アブラ浮きを感じる方は、肌の水分量を見直してみましょう。

赤み、かゆみをもたらす「肌の排泄エラー」と「水分不足」

赤みやかゆみを感じると、肌トラブルかも……！と焦ってしまいますよね。しかし薬をつける、洗顔を控える、肌を守ろうとクリームやオイルをつけるといった選択は、かえって大きな肌トラブルにつながることがあります。原因によって対策はまったく違うものになりますから、単なる対処療法ではなく、まずは原因を探ってみましょう。

刺激

洗顔やスキンケアの際に、強い圧や摩擦はないでしょうか？

洗うときやすすぐときに、手の圧がかかりやすいのが、頬です。額に、目元に、フェイスラインに……と手を添えたとき、毎回頬に手が当たりがち。洗うときやすすぎの際には、頬部分に手があたらないよう意識してみましょう。

汚れ

意外に思われるかもしれませんが、汚れによる赤みやかゆみもあります。肌は排泄器官であり、皮脂や角質をターンオーバーで排泄します。しかし何らかの原因で、この排泄がスムーズに行われなくなると毛穴が詰まり、角質もはがれなくなってしまいます。

排泄エラーが出ているよ！と肌は赤みやかゆみというＳＯＳサインを出して知らせてくれるのです。

額、こめかみ、フェイスライン、小鼻周り、口周りは皮脂量が多いため詰まりが起こりやすく、ＳＯＳサインが出やすい場所です。

洗顔などで汚れを除去し、排泄を促しましょう。

油分や薬品で肌に蓋をして保護しようとすると、いっそう赤みやかゆみがひどくなります。

また油分の強い練りチークやアイシャドー、洗っていないメイクブラシやパフも油膜を作る要因です。

肌代謝をさまたげない簡単に落とせる製品を選び、パフなどは洗浄した清潔なものを使うようにしましょう。

水分不足

水分が欠乏すると保護膜に隙間が生じ、ひび割れや皮むけが起こります。ちょっとした刺激にも反応してしまい、赤みやかゆみが生じるのです。

隙間を埋めようとクリームやオイルに頼ってしまうのは、さらなるトラブルを招くことになります。

油分が肌に膜を作り、一瞬赤みやかゆみがおさまりますが、油膜ができることで水分を弾いてしまいます。

その結果、化粧水が肌になじまなくなってしまうのです。

肌が水を欲しているのに、その水を届けることができなくなります。油分ではなく、保湿量をあげていきましょう。

まぶたのたるみ、クマ、ほうれい線も「皮膚の汚れ」が原因だった

「肌がたるむのは重力のせい」と信じている方が多いように思います。

しかし、それなら子どものころからたるみが起こっているはずですよね？

筋肉の衰えや真皮部分の弾力が失われ、たるみが起こることもありますが、実は、「皮膚の汚れ」もたるみの原因だったのです！


洋服のポケットにたくさんのキャンディーを詰めたとしましょう。10個、20個、30個と詰めていくとどうなるでしょう？

ポケットは重たくなって下へと引っ張られ下がりますよね。これがたるみの原理です。重いから下がるわけです。

毛穴の中は角栓や角質、化粧品などが詰まっています。それが蓄積されていくことで重たくなり、下へとたるみが起こるのです。

つまり汚れがたるみを作っているのです。

たるみがある場所の上に汚れがたまっていることが多いので、毛穴の広が

りや皮膚の硬さ、赤みがないか、チェックしてみてください。

まぶたのたるみ

60代のお客様で、片方のまぶただけ眼瞼下垂《がんけんかすい》（まぶたが下がって視界が狭くなる病態のこと）の手術をされ、もう片方のまぶたもいずれ……と検討されていたのですが、なんとスキンケアの見直しでまぶたが持ち上がり、手術しなくて済んだという事例があります。

実は、目の周りは汚れの貯蔵庫なのです。

私たちの肌は皮溝という道を使い皮脂や水分が全体に行き渡るようになっています。そのため、頭皮や額から分泌された皮脂は下へと降りてきて、窪みのある目の周りにたまっていきます。

加えてアイシャドーやアイラインといったメイク製品もプラスされ、汚れがたまりやすい部位です。

きちんと洗うようになってから、まぶたのアブラ浮きがはじまった！という方は少なくありません。まぶたからアブラ浮きって驚きですよね。それだけ汚れがたまっているということです。

汚れが排泄できるようになるとまぶたが持ち上がり、目がパッチリとします。「昔は二重だったのに……」「最近アイラインが引きにくくて……」という方は、汚れがたまっているのかもしれません。

年齢を重ねるほど、汚れの蓄積度合いも大きくなり、たるみが起こります。

「まぶたは角質が薄いから洗いすぎないように」と洗顔を控えていませんか？

逆です。丁寧にきちんと洗う必要があるのです。

目の周りは皮脂腺や汗腺が少なく、つまりは排泄もしづらいともいえます。

鼻や額のように汗や皮脂がたくさん分泌される場所は、噴水のように自ら汚れを浮き上がらせるチカラもありますが、目の周りはそうはいきません。汚れはどんどん入ってくるのに、その量に対して排泄が間に合わないのです。

デリケートな場所だから……と洗わずにいると、どんどん汚れはたまっていき、たるみが生じてしまいます。

まぶた下のたるみ（クマ）

寝不足でもないのに目の下にクマ、それも年々目立つようになっていませんか？　目の下こそが頭皮、額、まぶた汚れの最終の受け皿です。まぶた同様、汚れがたくさん入っているにもかかわらず浮き上がることがほぼありません。どんどんたまっていった結果、目の下がたるんできます。

このクマといわれるたるみがあると、たいていの場合まぶたもたるんでいます。

さらには眉の上には盛り上がりがあり、額には横ジワ、頭皮は抜け毛、アブラ浮き、臭いなどのお悩みがあるかもしれません。

目の下のクマは上部の皮膚に汚れがたまった結果があらわれやすいのです。

ほうれい線

口横のたるみ（ほうれい線）は、そのすぐ上にある部位（鼻筋の横部分）をチェックしてみましょう。

毛穴が目立っていませんか？　皮膚がかたくなっていませんか？　アブラ浮きしていませんか？

鼻筋横に汚れが蓄積されると下へとさがり口横に線ができる、これがほうれい線です。

改善するには、その汚れを除去する必要があります。

表情筋を鍛えることもいいのですが、重たい皮膚を持ち上げるより軽いほうがより簡単に持ち上がってくるはずです。

フェイスラインのたるみ

「若いときはもっとシャープだったのに、なんだか顔が四角くなってきた？」

と感じる方は、フェイスラインが下がってきている証《あかし》です。

頭皮やこめかみから顔の端にかけて、汚れが詰まっているかもしれません。

抜け毛、薄毛、臭い、アブラ浮きなどのトラブルがあれば、まずは頭皮環境を整えていきましょう。

フェイスラインは洗顔の際、手が行き届いていない場合があります。顔の端まで意識してケアしてくださいね。

シワができやすい額や眉間は、アブラが詰まりやすい場所でもある

シワと聞くと乾燥？と思いがちですが、汚れが蓄積されてできる汚れジワの場合もあります。この場合はいくら保湿しても改善は見られません。排泄を促し、汚れを除去することが必要です。

額の横ジワ、眉間の縦ジワ

額や眉間は皮脂腺が多く、アブラが詰まりやすい部位です。さらに頭部からも皮脂が流れてきます。アブラが酸化すると固形化しますから、その際角質も固まっていきます。その結果、角質層が分厚くなっていき、かたさが生まれます。

何層にもなり、かたくなった状態で顔を動かすわけですから、ここにシワができるようになります。

これが額の横ジワと眉間の縦ジワです。

乾燥が原因ではない、というのが大事なポイント！

額や眉間のシワを保湿クリームなどで覆ってしまうと排泄ができず、さらに汚れが蓄積されることになります。

額に段々畑が……とならないよう、排泄を意識しましょう。

目尻のシワ

目の周りは角質層が薄く、乾燥しやすい部位です。しかしここでアイクリームやオイルなどをつけてしまうと、かえって深いシワができてしまうかもしれません。

「若い頃は二重だった……」「もっと目がぱっちりしていたはず……」と、まぶたの重みを感じていませんか？

あるいは、こめかみ部分に小さな吹き出物はありませんか？

まぶたやこめかみは窪みがあります。この窪みに頭皮や額の皮脂がたまります。

特にまぶたはアイメイクなどのメイク製品もプラスされます。汚れの蓄積が、いずれ重たくなって下がります。その部分にシワができるのです。汚れが引き起こす、たるみジワです。

まぶたは敏感な場所だから洗顔は控えたほうがいいと思っている方が多い

のですが、まぶた周りこそきちんと洗うことが大切です。

額、眉間、目尻のシワは、何かが足りないのではなく、汚れの取り残しが原因であることが多いです。

プラスすることではなく、汚れを取ることを意識しましょう。

シミとなってあらわれる、ターンオーバーの乱れとUV製品の落とし穴

紫外線にあたるとシミができると思っている方が多いのですが、そうとは限りません。紫外線＝シミだとしたら、炎天下で遊ぶ子どもたちの肌はシミだらけになってしまいますね。

シミができるメカニズムはこうです。

紫外線が肌にあたるとメラニン色素が分泌され一時的に黒化しますが、ターンオーバーによって自然と排泄され、元の肌の色に戻っていきます。

しかしターンオーバーがうまくいっていないとしたら、どうでしょうか？メラニン色素は排泄されず肌に残ってしまいます。これがシミや色素沈着となるのです。

紫外線はメラニン分泌を促す要因のひとつではありますが、シミになるかならないかはターンオーバーが正常に行われているかどうかが鍵を握っています。

つまりなぜ大人になるとシミができるのか、それはターンオーバーの遅れ

が原因なのです。

ターンオーバーが乱れる原因は、たくさんあります。

加齢による排泄力の低下、カバー力の強い下地やファンデーション、油分の多い化粧品、アブラの劣化によるアブラ膜、水分不足による肌のかたさ、摩擦（刺激）による角質異常、こういった原因があり排泄エラーが生じます。

しかし現実はどうでしょうか？

紫外線をカットすることばかりに意識を向け、UV製品をつけて安心している人が多いように思います。

ここに落とし穴があるのです。

UV製品はデメリットもあることをご存じでしょうか？

紫外線をカットするために、「紫外線吸収剤」や「紫外線散乱材」が使用されます。

紫外線吸収剤は紫外線を肌表面で吸収し、化学反応を起こして紫外線をカットするため、肌の敏感な方やアレルギーのある方は肌トラブルを起こすことがあります。

一方、肌への負担が少ないといわれている紫外線散乱材は、粉体を使って紫外線を反射、散乱させることで皮膚を紫外線から防御します。

いずれにしても紫外線をカットするための膜を作ってしまうことに変わりありません。加えて汗や水に強いという製品の特性上、肌に残りやすいのです。

これが肌代謝のさまたげとなり、ターンオーバーが乱れることになるのです。

UV製品は排泄という肌のチカラをさまたげるデメリットがあります。

そうです、UV製品をつけることによって自らシミを作っているかもしれないのです!

シミが怖くてUV製品を使っているのに、気づくとシミが濃くなっていた……なんてことに。

洗顔で簡単に落とせるものを選び、UV製品と上手に付き合いましょう。

そして、保湿量も大事です。

水分不足の肌は隙間だらけで、紫外線が透過しやすくなっています。

太陽の光があたると川や海の水面がキラキラと光るように、十分な水分量が肌にあると紫外線を跳ね返すチカラがあります。

ＵＶ製品だけに頼らず肌の保湿量を上げること、そして排泄力を活発にすることを意識していく必要があるのです。

くすみの犯人、古い角質と酸化したアブラがなくなれば、透明感のある肌に

顔と首の色を鏡で見てください。

毎日お手入れしている顔よりも、首のほうが白い……！　なんてことありませんか？

30代から一気に増えるお悩みが「くすみ」です。

「疲れてる？」なんて言われることはないでしょうか。

肌に透明感がなくなると、元気がない印象や老けて見られることも。印象まで変えてしまうのが、くすみです。


肌をくすませているのは、古い角質と酸化したアブラです。

加齢とともに低下するターンオーバーの遅れによって、肌表面には古い角質がたまりやすくなっています。

さらにアブラの酸化で茶色や黒ずみといった変色も合わさり、肌の透明感が失われてしまうのです。

くすんだ肌を隠したいからと、カバー力のあるファンデーションをつけたら、透明感どころか厚化粧になってしまった！　なんてご経験があるかもしれません。

透明感は肌自体が発する美しさであり、新しい細胞とアブラがあってこそです。隠すのではなく、汚れを取ることでくすみ改善につながります。もう歳だから……と諦めないでください。どんな肌も生まれ変わるというチカラを持っています。

肌のチカラを取り戻し、透明感ある肌を手に入れましょう。

カサカサやざらつきも、酸化したアブラが本当の原因

私が19歳のとき、口の周りに白い粉のようなものが出てきました。乾燥を強く感じ、冬はかゆみやピリピリとした痛みまで出ることがあったのです。そんなときは決まって乳液をつけていました。

つけるとカサカサした皮膚は落ち着き、ピリピリとした痛みもやわらぎます。

しかしこれこそが、5年後に顎の吹き出物を作ることになったのです。

粉のようなものは古い角質、つまり垢です。垢には水分がほとんどなく、皮膚表面からめくれ上がります。これがカサカサやざらつきといった状態を作ります。

乳液やオイル、クリーム、ジェル、ワセリンなどは、このめくれ上がった角質の間をきれいに埋めてくれますから、かさつきもなくなり、かゆみや痛みも落ち着きます。

肌表面には油膜ができ、しっとりとした感触は安心感さえあるでしょう。

ですがこれは、一時的な対処法です。

本当の原因である古い角質や酸化したアブラを取り除いていないのですから、また同じ症状が繰り返されます。

それどころか、本来排泄されるべき古い角質（垢）が、この油膜ではがれなくなってしまいます。

ざらざら（カサカサ）する→油膜を作る→排泄できない角質がめくれ上がる→油膜を作る→角質がめくれ上がる……

これを繰り返すうちにさらに排泄力が低下してしまい、毛穴の詰まりがはじまります。

私が25歳のときに悩んだ顎の吹出物は、19歳から使っていた乳液が原因だったと、今なら理解できます。

ざらつき（かさつき）は、垢です。

吹き出物や毛穴の広がり、赤み、かゆみ、脂肪の塊、シミといった次のトラブルにつながってしまわないよう、油分で塗りかためるのではなく、除去していきましょう。

大人ニキビと呼ばれる吹き出物は、毛穴の中でアブラが固形化…

毛穴から分泌される皮脂が詰まり、菌が繁殖し炎症を起こすことで吹き出物ができます。私がご説明をするまでもなく、すでにご存じの方も多いでしょう。

ではここでひとつ質問です。

皮脂分泌が減少する40代になっても吹き出物ができるのはなぜでしょうか？

原因は皮脂の詰まりなのですが、それだけではないのです。

まずはニキビと大人ニキビの違いからご説明していきましょう。

ニキビ

10代～20代前半に見られる吹き出物のことをニキビといいます。ホルモンバランスの影響で皮脂分泌が多くなる年代です。額やこめかみ、鼻周り、口周りといった皮脂分泌が盛んな場所に出てくることが多いです。

赤みが強く、大きな吹き出物になってしまうこともあり、次から次へと出てくるのも特徴です。

大人ニキビ

20代半ばからみられる吹き出物が、大人ニキビです。10代のニキビのように次から次へと出てくるというよりは、一度できたら治りが悪いというのが特徴です。

皮膚の上にしっかりと盛り上がるように出てきたニキビとは違い、皮膚に半分埋もれたような状態のまま、いつまでも残っています。

紫色やグレーっぽい色になることもあり、触れると皮膚の中に塊を感じることもあります。

ニキビと大人ニキビの原因は、3つの違いがあるのです。

それは、「代謝力」「水分量」「アブラの質」。

10代の肌は代謝力が活発ですが、20代後半からターンオーバーがゆっくりになります。汚れを排泄するチカラが衰えてくるわけです。

毛穴の中でもターンオーバーが行われていますから、穴の中でも汚れがたまっていき、詰まりが生じます。

さらに水分量が少なくなることで、肌に柔軟性がなくなります。かたくなった皮膚は排泄がうまくいかず、毛穴が詰まりやすくなります。

そして最も影響があるのが、やはりアブラの質です。

加齢とともにアブラはなくなる、と思っている方が多いのですが、そうではありません。驚くほどに毛穴の中にアブラはたまっています。

しかし、アブラの酸化によって固形化してしまい、アブラ浮きとして感じられず、「ない」と勘違いしてしまうのです。

若いときは排泄するチカラがあったけど……、もう歳だから無理よね……、なんて諦めることはありません。

排泄力を取り戻すスキンケアに変えることで、肌は必ず変わってきます。

第4章

1日5分のアンチエイジング！一生モノの「洗顔革命」

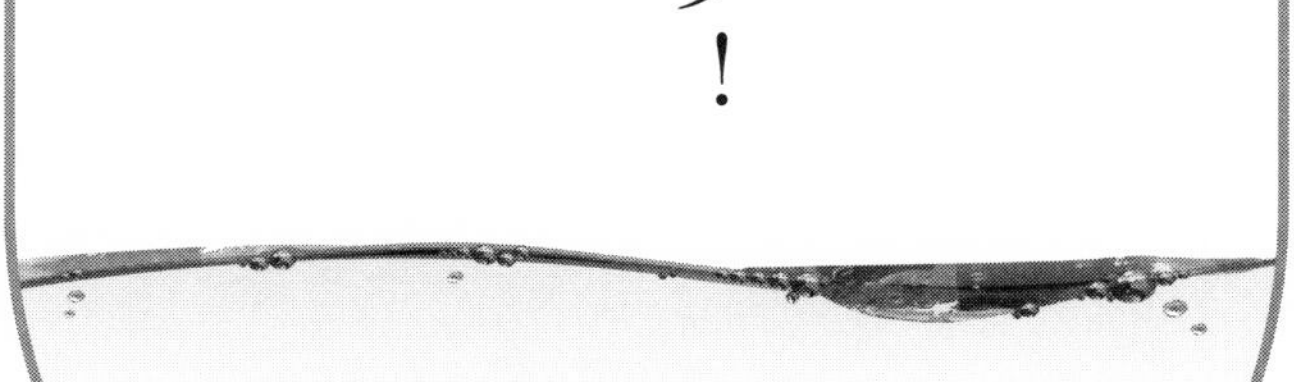

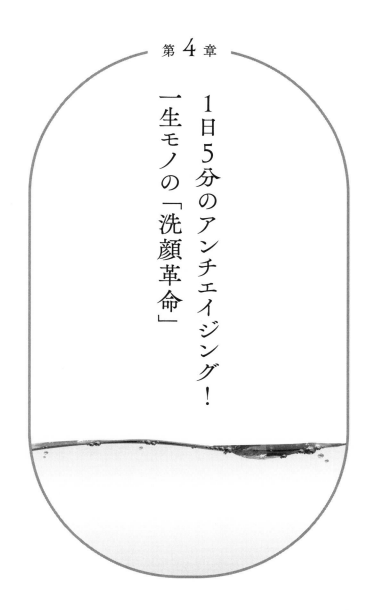

北野式洗顔は、ひとつひとつの工程に意味があります

ここまで読んでいただいて、アブラが酸化してしまうことで、保湿ができない、排泄ができないといった状態に肌が陥るということはご理解いただけたかと思います。

健康な肌とは、肌が正常に機能している状態のことです。そのためには、アブラをきちんと落とす必要があります。

そこで私は、「洗顔」を研究したのです。

肌表面だけでなく毛穴の中にも潜んでいるアブラをどうやって取り除いたらいいのか、何度も実験を繰り返しました。

蒸しタオルを使って拭き取ってみる、すすぐお湯の温度を高くする、濃度の高い泡で洗う、顔の左右で洗い方を変えてその違いを比べたこともありました。

本書の冒頭でお伝えしたように、洗いすぎて自分の肌がむけてしまったこ

ともあります。

そうして数年かけてやっと、肌に負担をかけずに毛穴の中や角質に潜む古いアブラを浮かせて取る洗顔法を考案したのです。

北野式洗顔は「一生モノの洗顔法ですね」と言われるようになりました。

肌への負担は抑えつつ、アブラを浮き上がらせて落とす洗顔法です。

北野式洗顔をはじめると、起床の際、アブラ浮きが目立つようになる方がおられます。

これこそが肌に潜んでいたアブラです。

前日の夜に洗顔でアブラを落としたら、化粧水が肌によく浸透します。水分量が高くなることで固形化したアブラがやわらかくなります。就寝中は体と肌が緩みますから、さらにアブラが溶け出て浮き上がるのです。

ですから、朝は水洗いだけ……はもったいない！　朝こそ汚れを落とす大チャンスですよ。

朝と晩に、洗顔を行いましょう。

洗顔が終わったら洗面器の内側を必ずチェックしてください。指で触ってざらつきを感じたら、古い角質が取れています。ネトネトしているなら、アブラが取れています。

何もない……という場合は、まだまだ酸化したアブラが肌にはりついていますので、油分に頼ったスキンケアを見直し、北野式洗顔を続けてください。

北野式洗顔の効果が出はじめるのは、肌の状態によって人それぞれではありますが、私のこれまでの経験値から、早い方はその日のうちにくすみが取れてきます。

1週間ほどで肌がやわらかくなり、化粧水がなじむようになります。同時に、固形化していたアブラが溶け出すため、アブラ浮きの量が増えることもあります。

1か月ほどすると毛穴が徐々に小さくなり、顔の引き締まりを実感される方が多いです。1年、2年と続けるうちに、「シミが薄くなりました!」と、ご報告くださることもあります。

繰り返しになりますが、アブラは肌表面だけでなく毛穴や角質にも絡んでいます。

うまく取り除くためにも、油分の多い化粧品や落としづらいメイク用品はおすすめできません。

下地、ファンデーション、マスカラ、アイシャドー、チーク、アイブロウ、アイライナー、口紅といったメイク製品は、泡で洗い落とせる製品を選びましょう（口紅は洗顔前に軽くティッシュオフされるといいでしょう）。

お仕事柄など、どうしてもこの選択が難しい場合は、クレンジングされたあとに北野式洗顔を行ってください。

北野式洗顔はひとつひとつの工程に意味がありますので、正しく取り入れてください。

それでは、具体的に洗顔方法をご紹介しましょう。

「北野式洗顔の方法」

▼北野式洗顔の方法は、下のQRコードから動画でも確認できます。

北野式洗顔に必要なもの

洗顔を行うのは洗面台でも、お風呂場でもかまいません。
どちらの場合も、次のアイテムを用意してください。

- 洗面器……顔全体が入る大きさのもの
- ターバン（カチューシャ）……髪が落ちてこないようにするため
- 泡トレイ……作った泡を置いておくためのトレイ
- 洗顔用石鹸……スクラブが入っていないもの
- タオル……柔軟剤を使っていないものが好ましい

北野式洗顔の流れ

北野式洗顔は、次の手順で行います。

①泡を作る
②予洗い（1分以上）
③泡で洗う（1分以内）
④ぶくぶくすすぎ
⑤冷水で引き締める
⑥流水で仕上げる

「予洗い」で毛穴の中のアブラや皮脂汚れをふやかしてから、それをふんわりとした「泡でキャッチ」していきます。

さらに「ぶくぶくすすぎ」で毛穴の中のアブラや汚れをすすぎ取ります。

そして、開いた毛穴を閉じるために「冷水に顔をつけます」。

残った泡を完全に取り除くために、優しく「流水ですすぎ」仕上げます。

次のページから、ひとつずつ詳しく解説していきます。

①泡を作る

顔をふやかす前に、泡を作っておきます。

②の予洗いで、せっかくふやかした汚れも、放っておくとまた肌に沈んでしまい、そのまま毛穴も閉じてしまいます。浮き上がった汚れをすぐに泡で包み込んで取り除けるよう、最初に準備しておきましょう。

泡の量と質にこだわると、汚れの取れ具合が格段に変わります。泡立てネットもうまく活用して、次のような泡を作りましょう。

◎たっぷりの量

泡の中に汚れを包み込んでいきますから、少ない泡では十分に汚れを除去できません。ソフトボールくらいの大きさが必要です。

◎キメが細かい

キメが粗いと毛穴の中の汚れをかき出すことができません。ホイップクリームのようなキメ細かな泡に仕上げましょう。

◎弾力がある

ぺしゃんこの泡では、手の圧が肌に負担をかけてしまいます。泡を手のひらに乗せて下に向けても、落ちないくらいの弾力が必要です。

泡の作り方

1. まず手を洗います。
2. 泡立てネットを濡らします。
3. 泡立てネットに石鹸を3回ほどこすりつけたら、空気を入れるようなイメージで泡立てていきましょう（ネットを使用せず手で泡立てる場合は、手のひらで石鹸を10回ほど転がしてから泡立てていきましょう）。
4. ソフトボールくらいの大きさになったら、ネットから泡をしぼり取り、手のひらに乗せて、両手の手のひらで練っていきます。ここでは空気を押し出していくイメージです。
5. トレイなどに泡を置いて完成です。

②予洗い（1分以上）

「取り除ける汚れの量は、予洗いで決まる！」と言っても過言ではありません。それだけ予洗いは大事な工程です。

食事が終わったあとのお茶碗を想像してみてください。お茶碗を洗う前につけ置きしてから洗うのはなぜでしょうか？

かたくはりついた米粒を「ふやかす」ためですね。カチカチになった米粒を落とすためには、スポンジに洗剤をたくさんつけて力強くこするより、最初に十分ふやかしておくことで、簡単に落とすことができます。

顔も同じです。

肌には古い角質、化粧品、雑菌などに加え、アブラが存在します。アブラの粘りが糊代わりとなり、取りたい汚れがはりついているのです。

さらには肌表面だけでなく、毛穴の中にもその汚れは潜んでいます。ですから、毛穴自体を広げておく必要があります。

・汚れをふやかす
・毛穴を広げていく
・肌に負担をかけない

これらのために予洗いは「濡らす」ではなく、「ふやかす」ことがとても重要です。

シャワーや手のひらで受けたお湯（水）では濡らすことはできても、ふやかすには不十分なのです。

◆

そこで「洗面器」の登場です！

洗面器にお湯をため、そこに顔をつけます。お茶碗になった気持ち（笑）で、たっぷりとふやかしましょう。

息継ぎしながら、合計で1分以上、洗面器に顔をつけていきます。

実は、ここで使うお湯にも大切なポイントがあるのですが、それはのちほど説明します。

洗面器に顔をつけたまま、顔をゆっくりと左右に振って、顔の端から端までお湯があたるようにしてください。こうすることで手の圧を避けることができます。

息を止めたままだと苦しいので、鼻や口から息を吐きながら行ったり、息つぎしながら行いましょう。

端まで濡らしづらい場合は、両手にお湯を汲み上げて、お湯をあてていきます。

顔にお湯をあてたら手を離す、あてたら離すを繰り返し、肌表面をこすらないように注意してください。


洗面器を使うことで、ほかにもたくさんのメリットがあります。

洗面器はお湯の温度を一定に保てますので、じわーっと毛穴が広がり、角質層も緩んできます。

さらにもうひとつ、肌のコンディションを知ることができるのです。

本章の冒頭でもお伝えしましたが、洗顔後の洗面器をチェックしましょう。

洗面器の内側にネトッとしたものを感じたら、顔の油分が取れたということです。ザラッとしたものが付着していれば、古い角質が取れたということです。

何もついていない状態は、皮脂も角質もあまり取れなかったということですから、そのあとの化粧水がなじみにくいはずですよ。

◆

ここで先ほど触れた、予洗いで使うお湯の大事なポイントについてご説明しましょう。

北野式洗顔では、「石鹸水のお湯」を使います。

水道水に含まれる塩素は、肌を突っ張らせてしまうのです。

洗面器のため湯で、①で泡を作ったあとの泡立てネットや手をすすげば、効率よく石鹸水を作ることができます。これで塩素の影響をやわらげることができるのです。

そして、温度は、「ぬるま湯」にします。

熱いほうが毛穴も広がるはず！　汚れだってふやけるはず！　と何度も実験をしましたが、熱すぎるとかえって汚れがはりついてしまったのです。

「人間の本能では？」と言ってくださったお客様がいらしたのですが、そうかもしれません。熱すぎると防御反応なのか、肌はゆるむどころか萎縮してしまうのです。

「適温は何度ですか？」とよくご質問いただくのですが、○度ですと数字でお伝えすることができません。なぜなら人によって、季節によって、環境によって適性温度が異なるからです。

寒い朝は顔も冷えていますが、暖房のある部屋から出たすぐなら顔は火照っているかもしれません。

ため湯に顔をつけたときに「熱い」とも「冷たい」とも感じない、顔の皮膚温度と近い温度がそのときの適温です。

予洗いの目的は、汚れをふやかせ毛穴を広げることで、汚れを除去しやすい状態を準備することです。

肌に緊張感を与えず、ゆるゆるとリラックスさせていきましょう。

予洗いのポイント

- 「濡らす」ではなく「ふやかす」
- 手の圧(刺激)を防ぐ
- 洗面器のため湯を使う
- 石鹸水を使って、塩素の影響をやわらげる
- ぬるま湯を使う
- 息継ぎしながら1分以上行う
- ため湯に顔をつけ、ゆっくりと左右に傾ける

③泡で洗う（1分以内）

あなたは洗顔のとき、どのように手を動かしていますか？

最も多い洗い方は、手のひらで円を描くように洗うくるくる洗いでしょう。

実はこの洗い方、汚れが浮き上がらず目詰まりしてしまうのです。

洗顔で取るべき汚れは、肌表面だけにあるのではありません。肌はツルンとしたお皿のような状態ではなく、ザルのような穴がたくさんあります。

その穴、つまり毛穴の中にも化粧品、皮脂、角質が潜んでいます。

◆

汚れをかき出す洗い方は、たったひとつ。

「あて洗い法」です。

毛穴に対して手のひらを平行にあてていきます。

こうすることで毛穴に向かって泡が縦方向に動き、泡が毛穴の汚れをかき出してくれるのです。

毛穴の深さは3〜5ミリといわれています。その深さまで泡が入り込むわけではありませんが、毛穴の入口付近の汚れやアブラを少しでも除去できれば、その奥の汚れが浮き上がるようになり、結果として排泄がスムーズになります。

◆

そのためには、泡のクッションを上手に使いましょう。

汚れを取りたい一心で、泡をギューっと押しつけるのはよくありません。予洗いで浮き上がった汚れをかえって毛穴に詰まらせてしまったり、その圧が肌に刺激となり赤みやかゆみを引き起こすこともあります。

必ず泡の弾力を感じつつ、優しく泡をあてていきましょう。

◆

この泡での洗顔時間は1分以内で済ませます。

「時間＝汚れの取れる量」ではありません。

肌の水分を奪うことにもなりますから、乾燥やツッパリ感、赤み、ヒリヒリといったトラブルにならないよう時間を守ってくださいね。

目安は1〜2プッシュずつのあて洗いで顔全体1分くらいですが、人によって速さが異なりますから、ご自分でタイムを計ってみるのもいいでしょう。

◆

泡洗顔する顔の各パーツは、次の通りです。

額、こめかみ、フェイスライン、眉間、眉毛、まぶた、目頭、目の下、鼻筋、鼻側面、頬、ほうれい線の上、鼻の下、口角横、顎、生え際。

順序はどこから洗ってもかまいませんが、生え際部分は泡が消えやすいため最後に洗います。

鼻の下、口角横、顎は、皮膚を伸ばした状態で洗いましょう。

ときどき泡を手のひらに戻し、泡のボリュームを整えつつ行います。

・額
・こめかみ
・フェイスライン
＊頬に手があたらないように

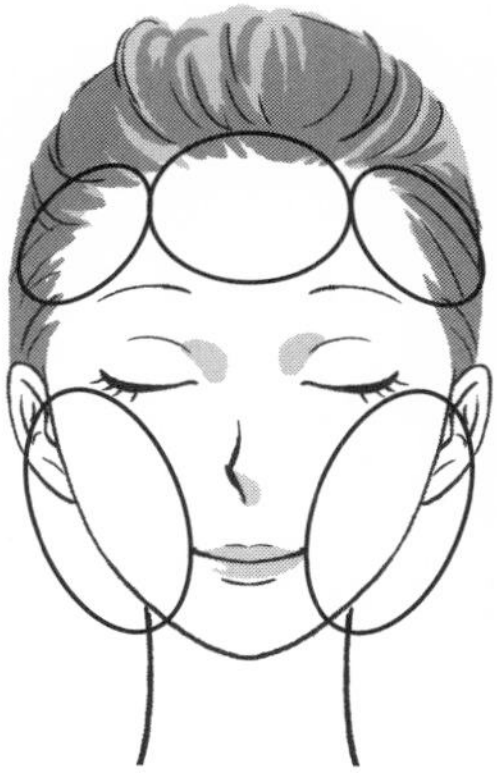

・眉間
・眉毛
・まぶた
・目頭
・目の下
＊指先を使って丁寧に

・鼻筋
・鼻側面
・頬
・ほうれい線の上

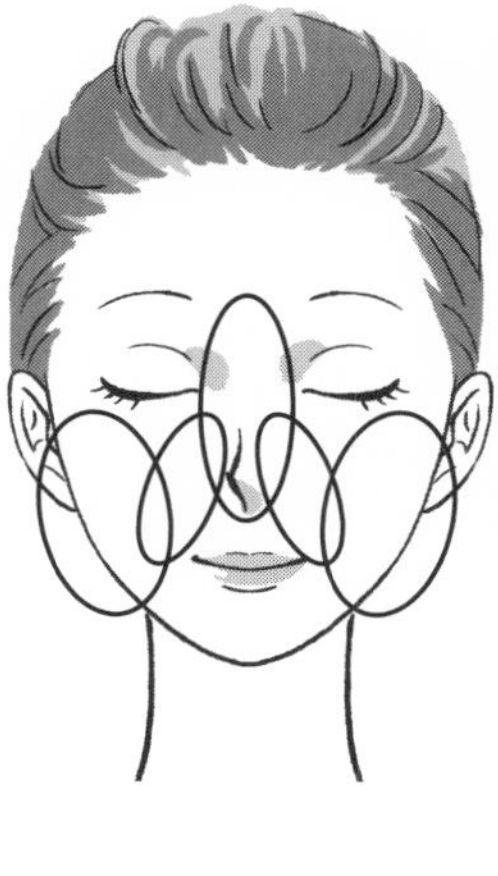

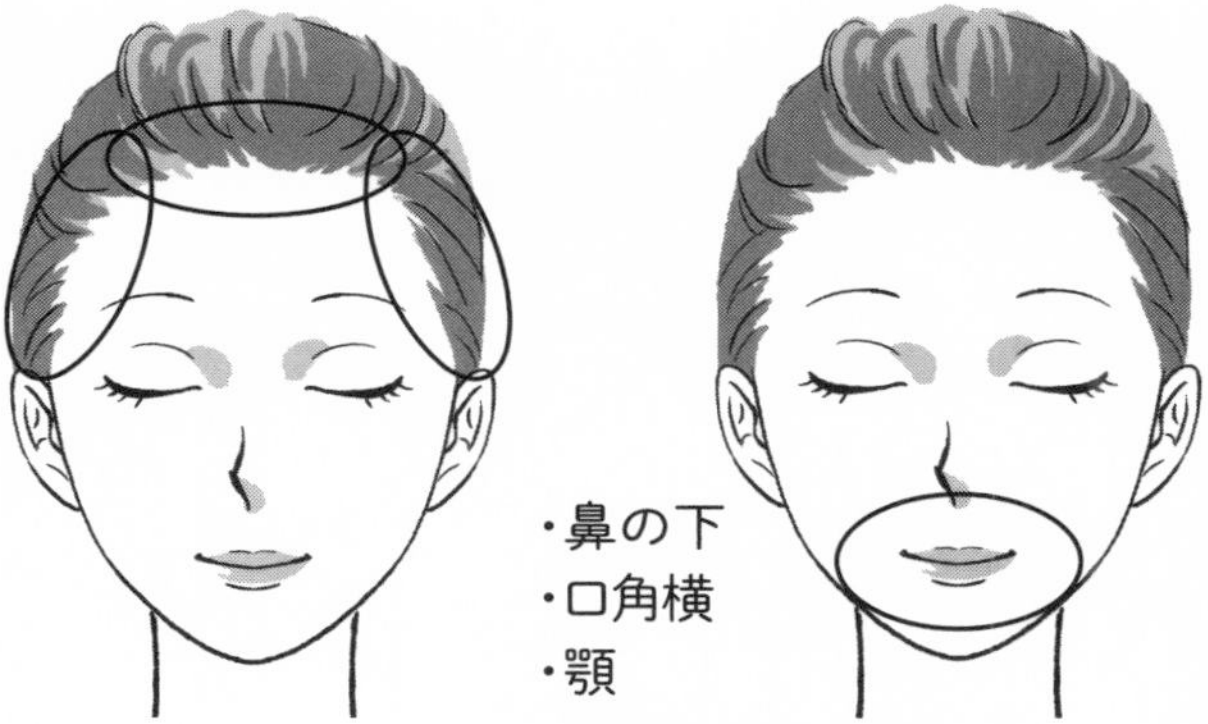
・生え際
＊2～3センチ中まで洗いましょう
＊手グシを通すように頭皮を洗います
＊皮膚を伸ばしましょう

泡洗顔のポイント

- あて洗い（毛穴に対して手を平行にあてる）
- 1分以内
- 顔の各パーツ1～2プッシュずつ
- 鼻の下、口の横、顎は皮膚を伸ばした状態で洗う
- 生え際は最後に洗う（頭皮の中2～3センチ）
- ときどき手のひらに泡を戻して泡のボリュームを整える
- 泡の弾力を感じること（押さえすぎない）

④ぶくぶくすすぎ

ここで「ぶくぶくすすぎ」をしましょう。

予洗い同様、洗面器のため湯に顔をつけてゆっくりと左右に傾けます。

ため湯に顔をつけながら、鼻か口からぶくぶくと空気を出しましょう。

ぶくぶくでお湯が揺れ、泡がすすぎやすくなります。

手を使ってすすぐよりも刺激がなく、すすぐ時間も短く済ますことができます。

◆

「ぶくぶくすすぎ」は①の予洗いで使ったお湯をそのまま使います。

きれいなお湯に変えてしまうと毛穴が一気に閉じてしまい、汚れを取り逃して肌が突っ張ることがあるからです。

「予洗いしたら、ため湯が足りなくなった」という場合はお湯を足しましょう。

「マスカラが浮いてて抵抗がある」という方は、少しお湯を捨て、その分ぬるま湯を足してください。

すべてのお湯を捨てるのはＮＧです。

◆

さらに、「すすぎは雑！」がコツです。

丁寧にすすぐ必要はなく、10秒ほどでかまいません。

生え際やフェイスラインに泡がたくさん残る場合は、手でお湯をすくって軽く流してください。

すすぎすぎは肌の水分量を奪い、乾燥を招きます。石鹸水が顔に残っているくらいでちょうどいいです。

このあとに冷水で引き締めますので、この時点では簡単に済ませましょう。

ひとつひとつの工程を丁寧に行うことが正しいスキンケアではありません。

何が目的なのかを知ると、必要なこと不必要なことが見えてくるようになります。

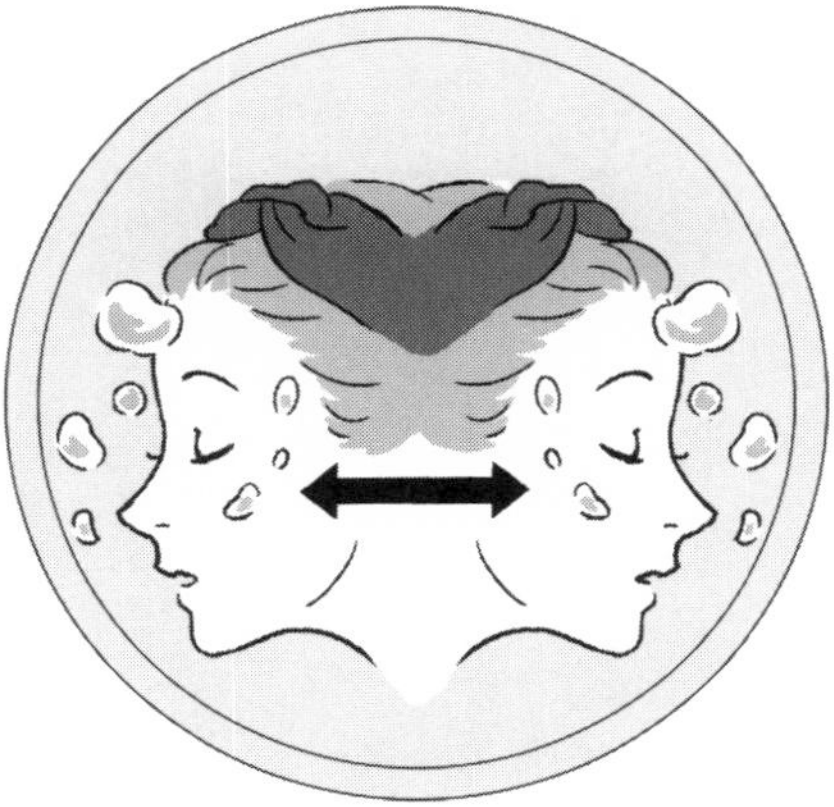

すすぎのポイント

- ため湯に顔をつけ、左右に傾けながら、ぶくぶくですすぐ（生え際やフェイスラインなどは手ですすいでもOK）
- お湯は変えずに行う。足りなければ、その分だけ足す
- すすぎは10秒ほどで終える

⑤冷水で引き締める

洗顔のあとは毛穴が広がっていますので、仕上げに必ず冷水で毛穴を引き締めます。

肌にとっては洗顔そのものが刺激にもなりますので、冷水でクールダウンしましょう。

◆

④のお湯を捨て、洗面器に冷水をためて顔をつけます。

フェイスラインまで行き届くように、顔を左右に傾けながら行いましょう。

あまり長く冷水につけていると肌の水分が奪われてしまいますので、5〜10秒ほどで十分です（日焼けなどによる炎症状態の場合は長めに行います）。

冷水で引き締めのポイント

- 洗面器にためた水に顔をつける
- フェイスラインまで届くように、顔を左右に傾けながら行う
- 5〜10秒ほどでＯＫ（日焼けなどの炎症時は長めにする）

⑥流水で仕上げる

水道水は塩素があるため使用したくないのが本音ですが、洗面器ではどうしても泡（石鹸水）が取りきれません。仕上げは水道水を手で受けてすすぎます。

◆

まず、顔の端から行います。

顔周りをすすいでいると、顔の中心部にも流れてきます。あとは泡が残っている場所だけすすげばいいので、すすぐ回数を最小限にとどめることができます。

◆

生え際、フェイスラインとすすいでから、最後に両手に水を受けて、顔の中心部に優しくあてましょう。

肌に水をあてたら手を離す、水をあてたら手を離す……と繰り返し、肌の上で手がスライド（こすらない）しないよう気をつけてください。

最後に優しくタオルで押さえて終了です。柔軟剤を使って洗濯したタオルはおすすめしません。肌表面に膜がはってしまい、化粧水がなじまなくなります。

流水で仕上げるポイント

- フェイスラインから流す
- 顔に水をあてたら離す、を繰り返す
- こすらないように注意
- すすぎすぎに注意

「お風呂で行う北野式洗顔」

ここからは北野式洗顔を、お風呂で行う際の手順を説明いたします。
お風呂は顔だけでなく、髪や体も洗いますから、手順を間違えると、せっかく開いた毛穴が、あっという間に閉じてしまい、汚れを落とすことができなくなってしまいます。

第2章でお伝えしたように、頭と顔はバレーボールのようにひとつにつながっています。頭皮から分泌された皮脂は、皮溝という道を伝って顔に流れてくるのです。頭皮は体の中で、最も皮脂量が多い場所。顔には頭皮の環境がダイレクトにあらわれます。
お風呂での頭皮ケアが、顔にも多大な影響を与えることは、おわかりいただけるでしょう。

さて、みなさんは、お風呂ではどこから洗いますか？

頭↓顔↓体と、上から順に洗っている方も多いかもしれません。私も長年この順番で洗っていました。

でも、気づいたのです。この順番だと、顔の汚れが取れないことを！

洗顔の手順でお伝えしたように、肌をふやかしたタイミングで泡で包み込むことが大切です。

このタイミングを逃してしまうと、せっかく浮き上がった汚れが沈み込んでしまうのです。

当然、この実験も何度も行いました。

「沈み込んでもまた予洗いをすれば皮膚がふやけて毛穴は開くでしょー」と思ったのですが、結果はそうはいきませんでした。

そもそも皮膚は私たちの体を守ってくれています。

簡単に毛穴が広がったり閉じたりするようでは、いろんな雑菌なども体に入ってしまいますよね。

そうならないよう、毛穴は常に閉じようとします。

ただ肌がふやけた瞬間だけが、じわりと毛穴が広がってくるのです。

例えば、頭から洗うとしましょう。

頭皮にシャワーのお湯をかけていきます。すると当然、顔にもお湯がかかってしまいますよね（顔にあたらないように気をつけても、フェイスラインや生え際はそうはいきません）。

この時点で、皮膚の汚れ（化粧品、角質など）がふやけます。

シャンプーで洗ってすすぐ、コンディショナーをつけてすすぐ……その間、顔の汚れはふやけたままで、放置状態になるわけです。

この放置状態が残念な結果を招きます。

例えば絨毯《じゅうたん》に醤油をこぼしてしまったとしましょう。

大変です！　濡れ雑巾でトントンしながら吸い上げなければいけません。

ここで濡れ雑巾で絨毯を濡らし、そのまま放置……なんてありえません。

濡らした途端、醤油が逆に絨毯に浸透するリスクがあるからです。

肌は陶器のようにツルツルとした面ではなく、絨毯のように隙間がありますから、表面に付着したものは浸透していきます。

この仕組みでいうと、濡らした瞬間にふやかした汚れを泡で包み取るという北野式洗顔は理にかなっているのです。

お風呂で行う北野式洗顔の手順

北野式洗顔を、お風呂で行う際の手順は次のようになります。

①北野式洗顔をする
②頭皮を洗う
③簡単に作った泡で顔を軽く洗う（ネットは使用せず手のひらで簡単に作った泡）
④シャワーで流す
⑤お風呂から上がる直前に、顔を冷水で引き締める

①北野式洗顔をする

前述86ページ～105ページの方法と同じです。

②髪を洗う

この工程が、頭皮のケアになります。

ここで大切なのは、シャンプーをつける前に、顔と同様にたっぷりの予洗いが必要なこと。頭皮には皮脂が多く存在します。シャワーのお湯をあてながら、指の腹を使って頭皮をしっかり揉み込んでいきましょう。

指先にヌルッとアブラを感じたら、毛穴がゆるみアブラが溶け出てきたサインです。

そのあとにシャンプーをつけて洗います。

シャンプー剤はノンシリコンのものを使ってください。皮膚に優しいアミノ酸系のものがおすすめです。

頭頂部に一度にたくさんつけてから全体に泡を広げていくのではなく、少量ずつ手に取り、部分的につけていきましょう。頭頂部、耳の上、後頭部……といった具合です。

洗いはじめると泡が消える箇所があるかもしれません。その部分には、さらにシャンプーを追い足ししましょう。皮脂の汚れがたまっている場所です。

1度シャンプーをしたら洗い流し、もう1度シャンプーします。2度洗いです（石鹸シャンプーの場合は洗浄力が強いので1度洗いにします）。

コンディショナーやトリートメントをつけたら成分を浸透させるために、しばらく置いてから洗い流す方もおられますが、これはやめてください。同時にコーティング剤が頭皮に浸透してしまうからです。

これでは頭皮の皮脂を取り除いているのに元も子もありません。それどころか抜け毛や薄毛の要因にもなります。

シャンプー剤や洗い方を変えたら抜け毛が激減した！　産毛が生えてきた！　頭皮の臭いが気にならなくなった！　とたくさんの嬉しいご報告があります。

頭皮が健康であるからこそ、健康な髪が生えます。本当にケアすべきは髪ではなく、頭皮です。

◆

もうひとつ、ポイントをお伝えしておきましょう。

すすぎは髪をかき上げるように、指先で前から後ろへと流していってください。頭を上げすぎると首が辛くなってきますので、頭は少し下げてもかまいません。手の動きだけ意識しましょう。

頭皮のマッサージとなり、顔のむくみが取れて、フェイスラインがスッキリしますよ。

③新しく作った泡で顔を軽く洗う

せっかく洗顔したのに、そのあとのシャンプー剤や頭皮の汚れが顔についてしまうのでは？　と疑問に思っていらっしゃるかもしれません。

その通りです。ですからシャンプーやコンディショナーが終わったあとに、軽い洗顔が必要になります。

◆

①の洗顔のように、たっぷりの泡は必要ありません。手のひらでさっと練った泡で十分です。量は必要ありませんが、よく練った泡にしましょう。
これを優しく顔にのせます。

泡の量が少ないため、どうしても手が肌に触れてしまいますから、力を抜いて優しく泡をあてていきましょう。ただし時間をかけないように。額、頬、鼻……と、1回ずつ泡があたればOKです。

④シャワーで流す

顔にのせた泡をシャワーで洗い流します。

ここでは濡れた髪や頭皮にも泡がつくため、すすぎ残しがないようシャワーですすぎます。

とはいえ、すすぎは肌の潤いを奪うことになりますから、必要以上に長時間流さないようにします。

⑤顔を冷水で引き締める

洗顔の仕上げは冷水で肌を引き締めますが、お風呂の場合は体を洗ったり湯船に浸かったりと顔がほてります。

お風呂からあがる直前に冷水で引き締めるようにしましょう。

◆

洗面器に冷水をためて5～10秒ほど顔をつけたら、仕上げは水道水（冷水）を直接手に受けてフェイスラインから流しましょう。

ここでも①の洗顔手順と同様に、すすぎすぎないよう最小限で終わらせましょう。

「北野式洗顔をしたあとのスキンケア」

▼スキンケアと化粧直しの方法は、下のQRコードから動画でも確認できます。

洗顔後のケアも重要です。

私たちの肌は加齢や環境によって水分が減少します。

水分が不足すると、皮脂の過剰分泌やアブラの酸化につながり、肌老化やトラブルが起こります。十分な保湿を心がけましょう。

クリーム、オイル、ジェルなどで肌を覆うのはもってのほか！　ここでも「アブラの酸化」を意識しましょう。


あまり知られていませんが、ファンデーションやフェイスパウダーにも大切な役割があります。休日は肌を休めるためにつけません……という方がおられますが、実はアブラの酸化を防ぎ、肌のコンディションを整えてくれます。下地とフェイスパウダーは、毎日おつけになることをおすすめします。ただし、下地、ファンデーション、マスカラ、アイシャドー、チーク、アイブロウ、アイライナー、口紅などのメイク製品は、泡で洗い落とせるものを選びましょう。

洗顔からはじまり、ファンデーションやフェイスパウダーをつけるまでがスキンケアです。なぜそのアイテムが必要なのか、それはどこに作用しているのかがわかれば、使い方やタイミングにも工夫が生まれます。ひとつひとつに大事な役割がありますので、ご参考になさってください。

北野式洗顔後のスキンケアの手順

北野式洗顔を行ったあとのスキンケアは、次の手順で行います。

①化粧水をつける
②美容液をつける
③下地をつける
④ファンデーションをつける

①化粧水をつける

洗顔後タオルで水滴を押さえたら、すぐに化粧水をつけましょう。
洗顔のあとは肌が最も乾燥している状態です。
水分や皮脂が欠乏した状態を肌は危険だと察知し、アブラを分泌して保護膜を作ろうとします。アブラ膜ができてしまったあとに、化粧水はなじみません。

洗顔のあとはすぐに保湿、これが鉄則です。

コットンはおすすめしません。肌に浸透させたい水をコットンがほとんど吸ってしまうのでもったいない。コットンの繊維が肌に付着してかゆみなどのトラブルにもなります。

手のひらには水分が簡単に浸透しないよう透明層というバリアがあります。

私たちの体は素晴らしい機能を持ち合わせているのですから、ご自分の手をお使いになってくださいね。

◆

肌に水分を浸透させるには、コツがあります。
少量を数回に分けてつけるのです。

鉢植えで育てているお花に水やりするイメージを持ちましょう。花瓶に入れた花なら、一気に水を入れればいいのですが、土に水を浸透させるにはどうされますか？

ジョウロかシャワーモードのホースで少しずつ水をあげるでしょう？　まさかバケツいっぱいに水を入れ、それを一度にかけないはずです。そんなことしたら土に浸透せず、水は溢れかえってしまいますよね。

土に少しずつ水を注ぐと、水は土の下まで浸透します。
肌にも同じイメージを持っていただきたいのです。

少量ずつを肌に浸透させると、角質になじんでいきます。

そして最後は、肌に入らず余るようになります。「もう十分だよ〜」という肌からのＯＫサインです。

◆

最低でも5回以上はつけましょう。

日によっては7〜8回、それ以上なじむときもあります。肌からＯＫサインが出るまで重ねづけしていきましょう。


ここで「いやいや、2回が限界……5回なんて肌に浸透しません」という方がいらっしゃるかもしれません。

それはアブラ膜ができているか、古い角質がたまっているからです。

油分に頼っていませんか？　正しく洗顔できていますか？　化粧水が浸透できる肌を目指し、スキンケア全体を見直していきましょう。

◆

つけ方にも注意が必要です。

化粧水をつけはじめた途端、急にスイッチが入る方がいらっしゃいます。ギュー!っと顔を押さえつけるのです。化粧水を肌に浸透させたい、という気持ちのあらわれですね。

化粧水は押さえつけて肌に浸透するわけではありません。むしろ肌がかたくなってしまうので良くないのです。

タオルをギュー!っと押さえてみてください。ふんわりしていた繊維がぺしゃんこになって、かたくなるでしょう? 化粧水をつけるときに押さえつけていると、肌もプレスされてガチっとかたい肌になってしまいます。

カラカラのスポンジに水を含ませるとやわらかく弾力が出てくるように、肌も自然と水分が入っていくのを待ってあげましょう。


化粧水が浸透するまでずっと顔に手をあてている方もいますが、これもやめておきましょう。

手のひらで温めることで浸透しやすいという説や、化粧水が蒸発しないように手のひらで押さえておくというさまざまな説がありますが、触りすぎは

肌に負担となります。
一度つけたら手ははずして、自然になじむのを待ちましょう。
ご自分の肌をいたわってあげる気持ちで、優しく触れてあげましょう。

化粧水をつけるポイント

- 洗顔後すぐに化粧水をつける
- コットンは使用せず、手に取ってつける
- 少量を数回に分けてつける
- 5回以上重ねづけする
- 押さえすぎない
- 触りすぎない

②美容液をつける

肌は天然保湿因子(NMF)といって、水分をキャッチしてくれる成分を持っています。しかし加齢によって減少するため、朝たっぷり化粧水をつけても1日持たなくなってきます。

天然保湿因子が十分備わっている10代や20代前半なら必要ありませんが、40代、50代となると美容液は必須です。

化粧水と併せて美容液を取り入れましょう。

美容液の定義は、メーカーによってさまざまですが、肌表面に膜を作るような製品は論外です。

使い続けるうちにアブラ膜がはりつき排泄ができなくなり、化粧水も入らなくなってしまいます。

そこで一度お試しいただきたいのが、美容液を化粧水の間につける方法です。

化粧水を1～2回つけたら美容液をつけ、またそのあとに化粧水をつけます。ここで化粧水がなじまず弾くような状態になると、その美容液は水分を抱え込むものではなく、肌表面に油膜を作ってしまうものといえるでしょう。天然保湿因子の代わりになっているのかどうかを見極めるご参考になさってください。

◆

美容液のつけ方は、なんとなくつけて、それを伸ばすのではなく、保湿したい部分にしっかりとつけてから全体に伸ばしていきます。

とはいえ、美容液は肌に十分な水分があってこそ活かされます。保湿のサポーターですから、化粧水で潤いを与えたうえで取り入れていきましょう。

美容液をつけるポイント

- 保湿したい部分につけてから全体にのばす
- ターンオーバーのさまたげにならない製品を選ぶ
- 天然保湿因子の代わりになるものを使う

①
まず、保湿したい部分に
しっかりとつける

②
①でつけた美容液を
全体に伸ばしていく

③下地をつける

化粧下地は、ファンデーションのつきを良くするためだけではありません。パウダーファンデやフェイスパウダーの粉体が肌の水分を吸い上げてしまわないよう保護する役割もあります。

下地の量が少ないと肌が乾燥しますので、適量を守ってつけましょう。

また、下地をつける前の保湿が不十分だと、下地の水分が肌に奪われ乾いてしまいます。しっかり保湿したうえで下地をつけます。

◆

下地をつけるときは、指先で肌の上を優しく滑らせるように伸ばしていきます。必要以上に触りすぎないようにしましょう。触りすぎると、皮脂が過剰に分泌されてしまいます。

顔全体につけたあとは、自然になじむのを待ちましょう。

◆

最近はＵＶカット成分が入った下地が多く、一年を通して使用することが当たり前になっているようですが、本当に必要でしょうか？

ターンオーバーが遅くなる冬の肌にＵＶ製品をつけると、さらに排泄が滞ってしまいます。

そもそも冬は紫外線が少ない季節ですから、紫外線をカットするよりも排泄のさまたげになるようなことは避けるべきです。

ＵＶ製品はアブラ膜ができやすく、排泄できない結果としてシミが濃くなったり、色素沈着、くすみが出るデメリットもあります。

クレンジング不要の泡だけで落せる製品を選ぶようにしましょう。

下地をつけるポイント

- 保湿を守る役割もある
- 排泄をさまたげない製品を選ぶ
- ＵＶ製品は必要かどうかを見極める
- つける際は、肌を触りすぎない

④ファンデーションをつける

下地同様、クレンジング不要の泡だけで落とせるものを選びましょう。シミや赤みを隠したい！とコンシーラーやカバー力のあるファンデーションをつけると、毛穴が詰まります。

排泄にエラーが生じ、シミがさらに濃くなってしまうことも……。

◆

メイク直しもスキンケアの一貫です。

化粧くずれ（アブラ浮き）したままにすると、アブラの酸化が進みます。

まずは崩れた部分をパフでふき取ります。その上から新たにきれいなパフを使用し、ファンデーションを重ねる方法がおすすめです。

ファンデーションをつけるポイント

・カバー力ある製品は要注意
・クレンジング不要で落せるもの
・化粧直しはスキンケアである

週に2回は「クレイパック」を取り入れて

毎日の泡で行う洗顔だけでは、どうしても少しずつ古い角質が残ってしまいます。これを放置しておくと、やがて蓄積して代謝力が衰えます。古い角質には十分な保湿ができず、トラブルを起こします。

そうなる前に、毎日の北野式洗顔とあわせて、定期的に「クレイパック」で除去しましょう。

肌の状況にもよりますが、週に2回くらい行ってください。赤みや肌荒れが強い場合は、状況を見ながら取り入れましょう。

ピーリングタイプはおすすめしません。新しい細胞まではがれてしまうからです。肌に優しい洗い流すタイプのパックを選びましょう。

長時間つけるほど、角質が取れるわけではありません。パックが乾燥すると、肌の水分が奪われてしまいます。2～3分したら洗い流しましょう。

ここでも洗面器を使用し、ため湯でぶくぶくしならがらすすぎます。取りづらい部分は手も使いながら、すすいでいきましょう。

仕上げは冷水で毛穴を引き締めます。

第5章

本来の肌を取り戻すことは、自分自身を取り戻すこと

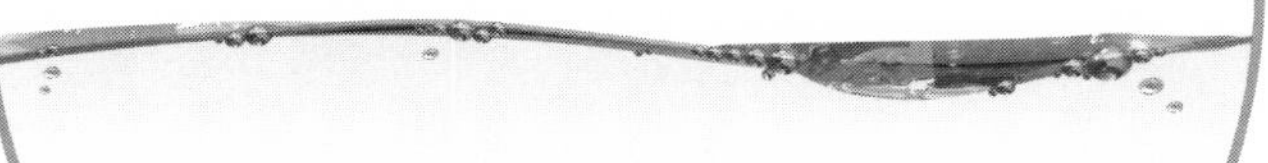

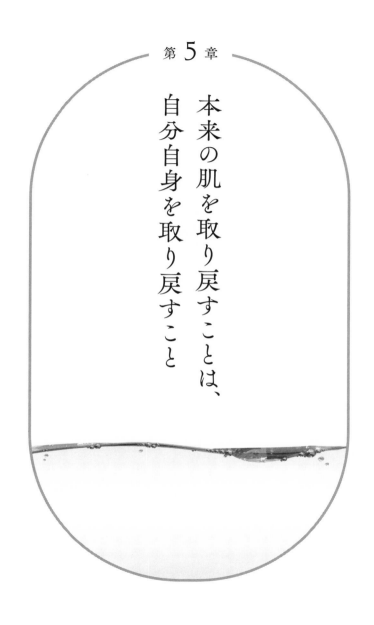

肌への自信を取り戻し、人生が輝き出した5名の女性

アブラがどれだけ肌に影響を与えているのかを書いてきましたが、アブラは悪者ではありません。

肌にとってアブラは、保護膜や艶を出してくれる不可欠なものです。

ただ酸化してしまうことがよくないのです。

歳を重ねると、いろいろなものを足していかないといけない……。もっと手をかけていかなきゃ……。そう思いがちですが、そうではありません。

それはかえって肌老化を進行させてしまいます。

アブラの質を本来の状態に戻してあげるのです。するとあなたの肌にも代謝力と保湿力がよみがえります。


肌に自信が持てなくなると、心も沈んでしまいます。

歳を重ねることさえ嫌になってしまうかもしれません。

当サロンには、「諦めていたけど、最後のチャンスだと思って来ました」

という方も多くお越しになります。

最初はどこかうつむき加減だった人、笑顔が寂しそうな人、目を合わせられなかった人も、肌がよみがえってくると表情がどんどん変わっていきます。

「鏡を見るのが楽しみになりました！」

「主人が肌がきれいになってる！って驚いてました」

「私、夢ができたんです！」

と嬉しそうに報告してくださいます。

そのお顔はまぶしいほど輝いていらっしゃいます。

本来の肌を取り戻すことは、ご自分を取り戻すことにもなるのです。

人生が輝き出した5名の女性をご紹介しましょう。

岡山県 K様 40代

はじめてK様のお肌を拝見したとき、改善まで時間がかかるかも……と思いました。赤みや黒ずみ、肌の厚みや硬さもあり、肌代謝が機能していなかったからです。

油分が多く含まれた下地やファンデーションを使用されていたことも要因でした。

アブラの劣化がかなり進行していたため、浮き上がってきたアブラがかえって肌にはりつき、化粧水を弾いたり赤みが強く出てしまったときもありました。

それでもひたむきに続けてくださったK様。2年前の肌がウソのように劇的に変わられました。

想像していたよりもずっと早く改善されたのは、K様のご努力の賜物です。

*

当時の私の肌はオイル、クリーム、エッセンスなどひと通り塗っているのに、赤みが強くカサカサでした。

きれいな肌の人を見るたびに、「私はお金も時間も使って頑張ってるのに、なぜ結果に結びつかないんだろう」と後向きの日々でした。

鏡を見ることが凄く嫌で、コロナのマスク生活にむしろ感謝していたくらいです。

そんなある日、フェイスブックで京都北野美人研究所の投稿を目にしました。最初は何それ、美人って?…という印象でした（笑）。

さっそく京都北野美人研究所を検索すると、それまで良いと思ってたっぷりつけていたオイルが逆効果であると書いてあり、まさに自分のことだと思いました。

藁にもすがる思いで初級コースの申し込みをし、京都のサロンまで伺いました。でも正直「こんな乾燥肌の私でも大丈夫?」と不安もあったのです。

油分の強い化粧品は良くないと言われても、最初は一度にすべての化粧品を変えることに抵抗があり、基礎化粧品だけを変えたのですが思うような結果が出ませんでした。

このまま続けるべきかとも悩みましたが、今までの方法で良くならなかっ

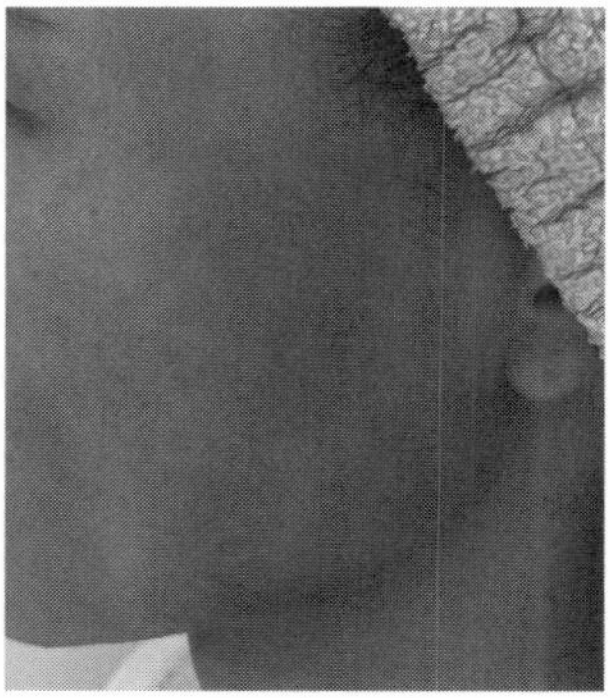

2021年10月

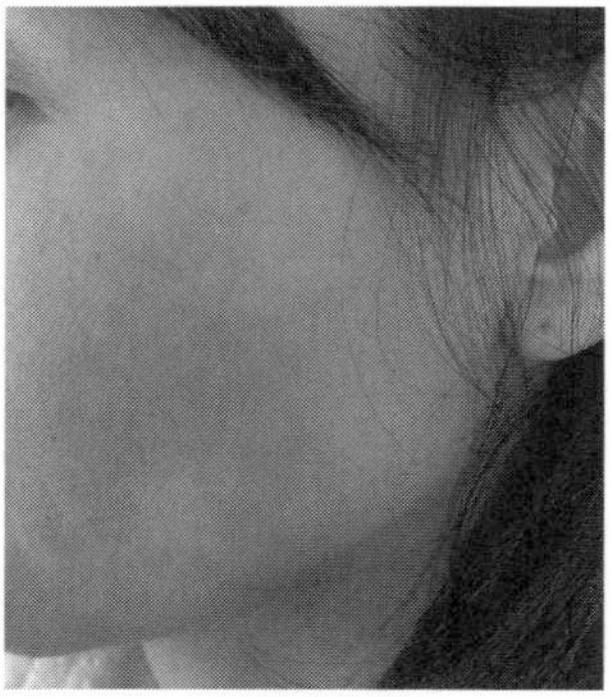

2022年9月

たので、ダメ元で続けてみようと思いました。

思いきってファンデーションも変え、教えていただいた洗顔を続けながら中級コース、定期メンテナンスと続けるうちに、赤みが少しずつ引き、白さを取り戻したのです。

いまでは職場の人に「肌きれいだね」と褒められるようになりました。

肌に自信を持てなかった頃は、どこかに出掛けることや人に会うことが億劫だった私。今は友達とランチに行ったり買い物に行くことが楽しくなっています。

これからも基礎の洗顔を続け、よりきれいな肌を手に入れたいと思います。

2年前に出逢うことができ、本当に感謝しています。

兵庫県 S様 50代

S様はご長男の結婚式に少しでも若々しくきれいになって出席したい、という目標をお持ちでしたが、お式まで1か月半しかありませんでした。

北野式洗顔はもちろん、化粧品やシャンプー剤等もすべて変えられ、本気で肌改善に取り組まれました。

ため込んでいたアブラが排泄され、肌に透明感が戻ると同時にお顔がどんどん持ち上がってこられたのです。

楽しみにされていたご長男の結婚式では、リフトアップテープは不要だったようです(笑)。

本来の美しい肌を取り戻すべく、今も楽しみながら北野式洗顔を続けてくださっています。

＊

45歳をすぎた頃から毛穴のたるみと目元のたるみに悩み、人に会うときやイベントがあるときは、リフトアップ用のテープをこめかみに貼って引き上げていました。

シミも深刻で、レーザー治療へも定期的に通っていました。

写真は苦手、鏡を見るのも憂鬱になる日々……。

そんなときに北野先生のブログ記事に遭遇しました。

YouTube 動画を拝見し、自分なりに洗顔を行ってみましたが、そのときは満足のいく肌にならなかったのです。

今思うと温度が熱すぎたのと弾力のない泡で洗っていたので、結果が出なかったのだと思います。

悩んでいた日々に転機が訪れたのは、長男の結婚式でした。

少しでもきれいになって式に参列したい！と私の「美のスイッチ」が入り、初級コースに申し込みしました。

先生の施術を受けて驚いたのは、顔がひと回り小さくなって、広がっていた毛穴も小さくなり、あんなに悩んでいたまぶたのたるみが取れて目がパッチリしたことです！

先生が「肌トラブルはアブラが原因です」とおっしゃったことも衝撃でした。

さらに嬉しかったのが、次男の反応です。

「母さんなんか顔白くなったんちゃう？」と言ってくれました。この言葉は

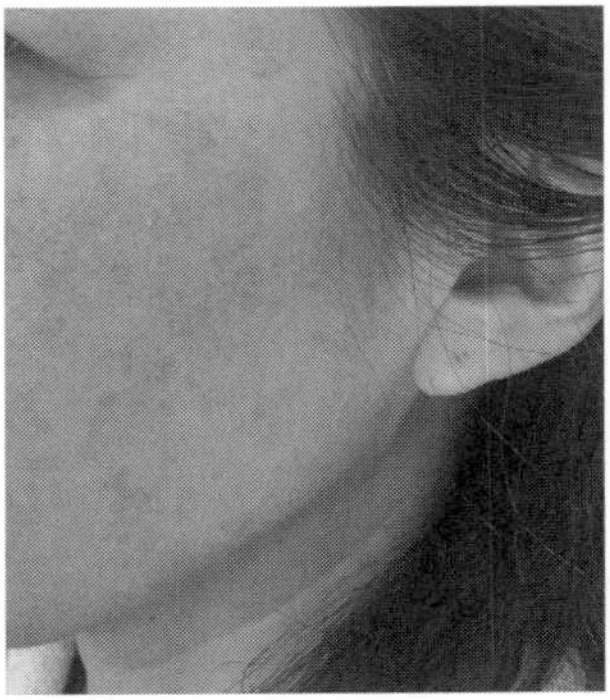

2023年11月16日

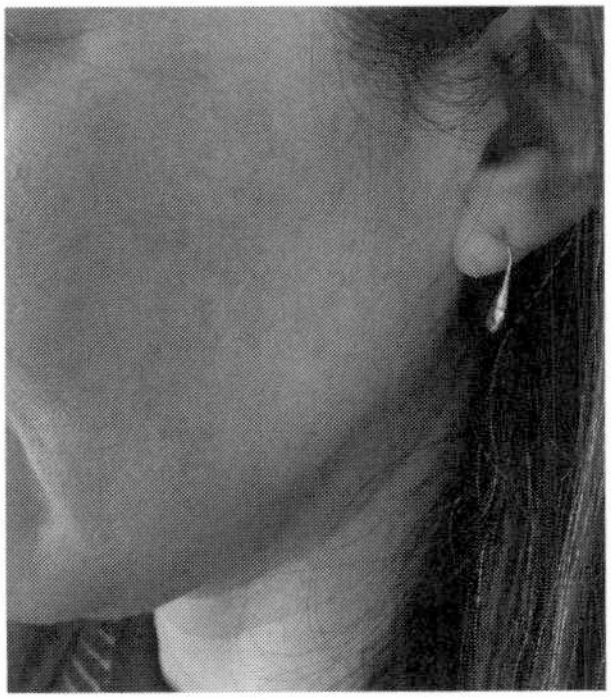

2023年10月26日

本当に嬉しかったですね。

疲れてないのに「疲れた顔をしてるね」と言われることが多くて、その言葉がとても嫌でした。

一番なりたかった肌は、くすみがない白く透明感ある肌だったので、こんな短期間で結果が出るなんて！もうやるしかない！と思いました。

続けていくうちにまぶたのたるみがさらに改善され、毛穴も気にならなくなり、お化粧ノリは格段に良くなりました。

肌に艶も戻ってきましたし、髪の毛もツルツルでまとまりが良くなったのです。

先生のお力添えのおかげで第一目標の「結婚式に少しでもきれいな肌になって出席したい」との願いが達成できました。

「この年齢からでも肌は変わる」と実感できた今、さらなる肌の変化が楽しみで仕方がありません。

これからも北野式洗顔を継続し、きれいな肌を目指しますね。

北野先生には感謝の気持ちでいっぱいです。

これからもどうぞ末永くよろしくお願いいたします。

京都府　Y様　60代

以前は毎月レーザーでシミ取りをされていたY様。

北野式洗顔でターンオーバーのチカラがよみがえり、レーザー治療では取れないくすみまで取れて、本来の白く透明感あるお肌を取り戻されました。

「あのときよりも今のほうが、ずっとシミが薄くなりました！」とおっしゃいます。

最近ではいろんな方に肌を褒められるそうです。

そして今、新たな夢をお持ちになり、いつもキラキラ輝いておられます。

＊

私はもともと美容が好きで、いろいろなブランドの化粧品を使ってきました。

40代から肝斑《かんぱん》やシミがあり、皮膚科のレーザー治療も受けていました。

それなりに満足の肌でしたが、60才をすぎて娘が出産し、孫の世話などで忙しくなり疲れていたある日、鏡に映る自分の顔を見て愕然としました。

きれいにお化粧しているにもかかわらず、艶がなくシミや小ジワが目立つごわごわな肌になっていたのです。

お金も時間もかけて、いろいろな化粧品を使っているのに何がいけないの？　何が足りないの？　と泣きたい気分でした。

ちょうどその頃、美意識の高い知人がSNSで京都北野美人研究所を紹介している記事を目にしました。

なんの迷いもなく、すぐに予約を入れたことを覚えています。

いま思えば、運命的な出逢いでした。

学んだ北野式で朝晩洗顔し、月1回メンテナンスに通いました。

北野式をはじめて1年経った頃、「透明感があって毛穴が見えない」と人から褒められるようになったのです。

自分でも変化に驚くやら嬉しいやら。

レーザーを毎月受けても薄いシミは消せないし、かえって肌がごわごわした感じになっていました。

北野式は顔全体が白く透明感が出て、ふんわりやわらかくなります。

シミも回数を重ねるごとに気にならなくなりました。

先生の施術を受けると、毎回、目がパッチリ大きくなるのも驚きです。

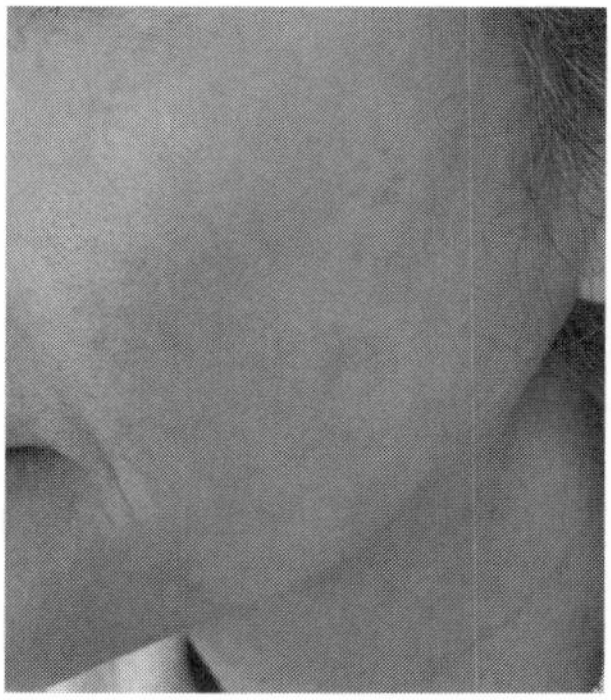

2023年5月6日

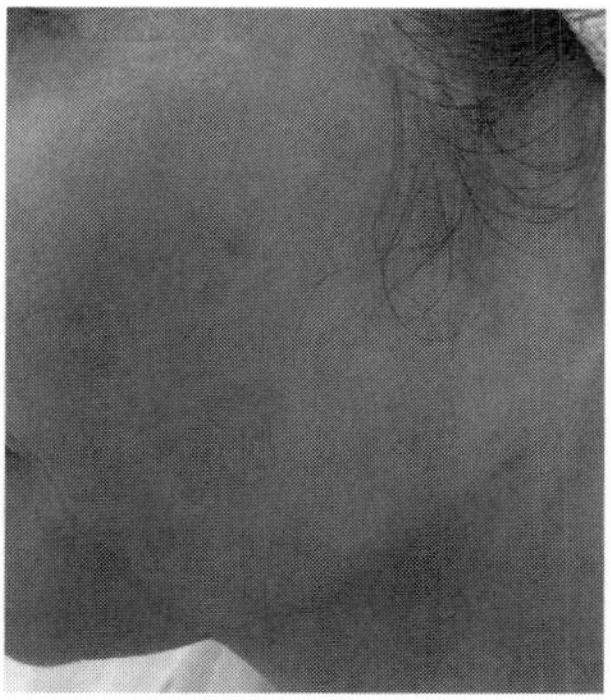

2022年10月12日

私の肌に本当に必要なのはたくさんの化粧品や巷の情報ではなく、正しい洗顔で毛穴をきれいにしてあげることだったのですね。

そして、自分の肌の力を信じる心が必要だったと思います。

それを教えてくれたのが、北野式洗顔でした。

長年専業主婦をしてきた私ですが、なんとミセスモデルというお仕事のチャンスをつかみました。

肌への自信と信頼を取り戻せたことで、夢への一歩を踏み出す勇気とワクワクの未来に飛び立つ力を持てたのです。

本当に感謝しています。多くの方々に、私と同じ経験をしていただきたいです。

和歌山県 M様 50代

毎年冬になると乾燥に悩まされていたというM様。「乳液もオイルもやめたのに乾燥しなくなりました。不思議です〜！」と喜んでくださいました。

年齢を重ねるほど化粧品に頼って補おうとしてしまいがちですが、毛穴が詰まり肌のたるみが起きてきます。

北野式洗顔で排泄力を取り戻されたM様は額のシワも薄くなり、重たく被さっていたまぶたは二重が復活されました。

今、新たな夢に向かって挑戦中だそうです。

＊

中学生の頃から顔全体にニキビがあり、肌はずっとコンプレックスでした。友人と話していても「あまり近くで見ないで」と思っていたんです。歳を重ねてからはシミと乾燥がひどくなり、クリームやオイルを塗り重ねる日々でした。

「洗いすぎはダメ」

「クリーム塗らないと、将来あなたの肌たいへんなことになるわ」

美容部員のお姉さんの言う通りにあれこれ使いました。使えば使うほど毛穴が開いたり、ニキビがひどくなってモヤモヤしていました。

エステにも通いましたが、数日経つといつも元通り。

結局どれもこれも思ったほどの効果は出ず、「私の肌ってこんなもの」と半ば諦めていました。

そんなときに偶然見つけた北野先生のブログ。

「これって私のこと!?」と惹き込まれていったのです。

まずオンラインコースを受講し、その後は京都のサロンまで行って直接先生の施術を受けました。

北野マジックはすごいですね。

もっちりした肌は、嬉しくてついつい触ってしまいます。

重たく被さっていたまぶたは、二重が復活しました!

ひたすら洗ってアブラを取るので乾燥してしまいそうなのに、しっとり透明肌に仕上がるので不思議です。

ちゃんとお手入れしなくては!と思ってクリームを塗り重ねていましたが、

間違っていたのですね。

今ではクリームやオイルをつけなくてもハリと艶が出て、くすみにくくなりました。

肌がやわらかくなって、毛穴も引き締まってきています。

北野式に出逢ってから年齢に負けない肌へとどんどん進化しているようで、自分でも驚いています。

そんな私も、ときどきさぼってしまうこともあります。

泡立てが適当になったり、疲れていたら化粧水2回で終了しちゃったり……。

肌はすぐにゴワゴワになってしまいます。

でもまた基本に戻って北野式洗顔を丁寧にやると、肌がよみがえってくるのです。

北野式があるので私はいつも安心しています。

何歳になっても肌がキレイになると気持ちも前向きになりますし、こんなにも嬉しいものなのですね。

実はやろうかどうか迷っていたものに、来年は挑戦することに決めました。

これからの自分が楽しみです。

京都府　H様　40代

化粧品、エステ、皮膚科、美容器具と、ありとあらゆる手段を尽くしてこられたH様。その方法は、どれも対処療法でした。

症状を抑えようとすればするほど排泄できない肌になり、アブラが詰まることで肌荒れを悪化させていたのです。

北野式で顔と頭皮からたくさんのアブラが浮き上がるようになり、排泄力がよみがえってきました。

「20年以上肌に悩んできました……」とお話くださった言葉が、今も忘れられません。

北野式洗顔をはじめてまだ数か月ですが、少しずつ肌への自信を取り戻してくださっているようです。

＊

学生の頃からニキビが出はじめ、社会人になった頃には赤み、かゆみ、毛穴の広がり、アブラ浮き、吹き出物と、肌荒れはどんどんひどくなっていきました。

皮膚科に行くとアトピーと診断され、十数年間ステロイドを使いました。薬を塗ると赤みやかゆみは治まるのですが、薬をやめた途端ぶり返す、この繰り返しです。

ネット記事を読みあさり、化粧水はダメ、クリームのみがいいと書かれていればすぐに実践しました。

「アトピー肌が改善される」「ツルツルのお肌になる」と言われて飛びついた化粧品で、湿疹が顔全体にできてしまい、赤みとかゆみで顔はパンパンに腫れました。

首まで広がったかゆみは、かきむしると汁みたいなものまで出てしまい、気がつくと顔は薄く黒くなってしまったのです。

良いといわれる化粧品は値段かまわず購入し、これまで何百万と費やしています。

私に合う化粧品はあるんだろうか？と気持ちが折れるときもありました。

コロナが流行ったマスク生活のタイミングで、顔にたまった長年の毒をとことん出してやろう！とステロイド断ちを決意しました。

とても大変だったのですが、1年以上かけてやっと薬を塗らなくてもなんとかやっていける肌になりました。

それでも赤みやニキビ、黒ずみは残り、自分の顔が嫌で仕方ありませんでした。

途方に暮れていたとき、ネットで北野式洗顔を見つけたのです！

アブラ!? これだ！ ピーンと感じ、早速北野先生に連絡をしました。

丁寧なカウンセリングからはじまり、いざ施術。ひたすら洗顔です（笑）。

「こんなに洗顔して大丈夫なんやろか？ 洗顔のやりすぎは駄目って聞くし、真逆やねんけどなぁ……」と正直不安になりました。

洗顔の途中で「顔を触ってみてください」と言われ触ったら、ヌルヌル！

自分の顔からアブラがたくさん出ていたのです。

洗顔後、今までに感じたことのないフワフワ肌になっていました。

どうなってるん？ 今までの美容知識は何やったん？と驚いたのを覚えています。

さっそく自宅でも北野式をはじめましたが、最初はアブラがはりついてしまい、化粧水が全然なじみませんでした。

根気よく続けていると肌がだんだんやわらかくなり、今度は角栓がたくさん浮き上がってきたのです。

ここで何を血迷ったのか……毛穴ローションなるものを使用し、コットンでその角栓をきれいに拭き取ってしまったのです。

せっかくお肌が良い感じになっていたのに、このことでまたアブラがはりついてしまい、化粧水が入らない肌に逆戻りしてしまいました。これには、めちゃくちゃ後悔しました。

二度と角栓を拭き取ったりしない！と誓いました。

頭皮の抜け毛や臭いにも悩んでいましたが、北野先生のアドバイス通りにシャンプー剤と洗い方を変えると、臭いが改善され、なんと新しい毛が生えてくるようになりました。

アブラの怖さを今、本当に実感しています。

北野式洗顔は、確実にお肌が変わるのでやりがいがあります。

先日久しぶりに逢った母に「あなた色が白くて羨ましいわ」と言われ、黒ずんでしまった肌が白くなっているんだ！と嬉しくなりました。

オンライン会議で映る自分の顔が嫌だったのですが、今はカメラが気にならなくなりました。

肌のきれいな友達を見ては羨ましいなぁ……。

鏡を見ては、辛いなぁ……なんで私だけ……。

周りの人に、お肌どうしたん？と聞かれると、そっとしておいてほしい……。

親切でアドバイスくれる人に苛立ちさえ感じていたときもありました。

懐かしいです。

あのときの自分に、こう言ってあげたいです。

「大丈夫！　北野式洗顔に出逢えるから、そんなに落ち込まなくてもいいよ」って。

もっと早くに北野式洗顔に出逢いたかった。それは本当に心から思います。

1人でも多くの人が、北野式洗顔で救われますように。

おわりに

あなたの手で肌はよみがえる

最後までお読みいただきありがとうございます。
いかがでしたでしょうか？
こんな美容法聞いたことない！
まさかアブラが……!?
と、まだ半信半疑の方もいらっしゃるかもしれません。

この吹き出物なんとかならないかな……からはじまった肌研究。まさかこれが仕事になるとも、ましてやこうして本になるなんて想像もしていなかったことです。

「京都に洗顔で肌を変える人がいる！」と口コミで広げていただき、片道3時間かかる他府県まで車を走らせ、洗顔させていただいたこともあります。

いまから20年ほど前の話です。

失敗もありました。肌改善が思うように進まず、悩んだ日は数知れません。

これ以上洗顔を追求して意味あるのかな……とやめたくなったこともあります。

しかし経験を積むほど、確信を持ったのです。

アブラが肌トラブル（肌老化）を起こしている！と。

悩んでいる方に真実を届けたい！と活動を続け、今に至ります。


私の施術やオンラインセッションでは、はりついたアブラを洗顔で取り除いていくのですが、おもしろいことに、このアブラには種類があるのです。

粘っこいアブラ、サラサラしたアブラ、ギシギシときしむようなアブラ、軟膏のようなアブラもあります。

揚げ物をしたあとのアブラのような、酸化臭まで出てくることもあります。

トラブル症状が深刻な方ほど、浮き上がってくるアブラは粘りが強く、洗顔で落としづらいのが特徴です。

赤みがある場所、シミ、吹き出物、たるみ……と何らかの症状があらわれている部位にも、粘りが強いアブラが浮き上がります。

粘りがあるほど肌はフリーズ（固形化）し、排泄の動きが制限されています。

肌はさまざまな症状（トラブル）で肌異常を知らせてくれているのです。


この確信は、美容業界の常識とはまったく異なるものでした。

シワにはこの成分がいい、シミにはコレ、たるみには……と悩みが増えるたび、次々と新しい製品を試すけれど結果が出ない。

エステに行っても1週間経てばまた元通り。

皮膚科でもらった薬をやめるとまた症状をぶり返す。

これはどれも目に見える症状を抑えているだけで、肌改善ではありません。

本当の原因を理解していないと誤ったスキンケアを選んでしまいます。自ら肌トラブル（肌老化）を加速させているかもしれないのです。


肌改善はとてもシンプルです。

肌のチカラをさまたげず、活かしてあげる。

いくら私が施術をしても、油分に頼ったスキンケアや間違った洗顔法を続けると肌は改善されません。

排泄がスムーズにできるように、汚れを取ってあげる。

水分を受け入れられる状態に整えてから、保湿する。

あなたの肌をいたわり、育ててあげるのはあなた自身です。

あなたの手で肌は変わるのです。

肌には素晴らしいチカラが備わっています。

その力を取り戻し、肌をよみがえらせましょう！


「京都北野美人研究所」という名前には、ある想いが込められています。

〈美しい人をたくさん増やしたい〉

人が最高に美しく輝く瞬間、それは、「心からの笑顔」。

肌に自信が持てず輝きを失っていた人が本来の肌を取り戻したとき、内側から放たれる輝きに驚くことがあります。

「私、夢があったことを思い出しました」

「もっとお洒落したくなりました」

「新しいチャレンジをします」

キラキラした目でご報告くださるその笑顔に、私まで最高に幸せな気持ちになります。

あなたの笑顔は、あなただけでなく周りの人も幸せにします。

次は、あなたが輝く番です！

あなたとあなたの大切な方にたくさんの光が降り注ぎますように。


この本を出版させていただくにあたり、多くの方に支えていただきました。北野式洗顔法が生まれたのは、これまで出逢ってくださったお客様のおかげです。

正しい美容法を伝えたいという私の想いを紡いでくださったインプルーブの小山睦男様、北野式洗顔について興味深く耳を傾けてくださり、「良い本にして世の中に届けましょう！」と同じ想いを持ってお支えくださった青春出版社の福田尚之編集長。いつも応援してくれる家族やご先祖様の存在は心の支えとなりました。

そして、この本を手に取ってくださった読者の皆様、本当にありがとうございます。

皆様に心より感謝申し上げます。

京都北野美人研究所
北野和恵

著者紹介

北野和恵（きたのかずえ）

京都北野美人研究所代表。25年に及び肌研究を続けている肌改善研究家。のべ4000人以上の肌を洗顔で改善に導く。

肌トラブルや老化は「アブラが原因」であることを突き止め、美容の常識を覆す独自の美容法を提唱している。

2022年「京都北野式洗顔法〜毛穴再生美容〜®」を商標登録。

施術、オンラインセッション、養成講座、講師など、「肌のチカラを活かす」正しい美容法を届けるために活動中。

HP/https://kitanobijin.com/

1日《にち》5分《ふん》のアンチエイジング
洗顔革命《せんがんかくめい》

2024年4月28日　第1刷

著　　者　北《きた》野《の》和《かず》恵《え》

発行者　小澤源太郎

責任編集　株式会社　プライム涌光
電話　編集部　03(3203)2850

発行所　株式会社　青春出版社
東京都新宿区若松町12番1号 〒162-0056
振替番号　00190-7-98602
電話　営業部　03(3207)1916

印刷　三松堂　　製本　大口製本

万一、落丁、乱丁がありました節は、お取りかえします。

ISBN978-4-413-23353-8 C2077

七十二候を楽しむ野草図鑑
季節の移ろいの中で心穏やかに暮らす
大海　淳

NHKラジオ「みんなの子育て☆深夜便」
子育ての不安が消える魔法のことば
村上里和［編］

図説　ここが知りたかった！
日蓮と法華経
永田美穂［監修］

愛犬が最後にくれた「ありがとう」
11の感動実話が伝える本当の幸せ
小島雅道

なんだか毎日うまくいく100のヒント
植西　聰

青春出版社の四六判シリーズ

「ふわっと速読」で英語脳が目覚める！
最も効率がいい英語習得法
Max二宮

心に刺さる、印象に強く残る
超・引用力
伝えたいことを最も効率的に伝える
上野陽子

一年に一度しか会えない
日本の「来訪神」図鑑
フランそあ根子　中牧弘允［監修］

人生の見え方が大きく変わる「対《つい》」の法則
逆境を生き抜く「バランスマインド」とは
木下晴弘

仕事の語彙力　たった500語で、人とお金が集まってくる
ことば探究舎［編］

お願い　ページわりの関係からここでは一部の既刊本しか掲載してありません。
折り込みの出版案内もご参考にご覧ください。